Till Magnus
Steiner

Burnout der
Propheten

Till Magnus
Steiner

Burnout der Propheten

Die Bibel
im Kontext
der Gegenwart

kbw bibelwerk

1. Auflage 2019

Umschlaggestaltung: Finken & Bumiller, Stuttgart
Layout und Satz: wunderlichundweigand, Schwäbisch Hall
Hersteller gemäß ProdSG:
Druck und Bindung: Finidr s.r.o.,
Lípová 1965, 737 01 Český Těšín, Czech Republic
Verlag: Verlag Katholisches Bibelwerk GmbH,
Silberburgstraße 121, 70176 Stuttgart

www.bibelwerk.de

ISBN 978-3-460-25528-9
Auch als E-Book erhältlich unter ISBN 978-3-460-51080-7

Inhalt

Einleitung
Die Bibel neu lesen

„Dann machen wird das", sagte Werner Kleine einfach, als ich ihm von meiner Idee erzählte. Er, der im Neuen Testament promovierte Theologe, und ich, der damals noch mitten an seiner Doktorarbeit zur Verheißung einer ewigen Dynastie an König David saß, begannen die Arbeit an unserem Blog „Dei Verbum". Damals im Jahr 2014 wie auch heute noch bin ich zutiefst überzeugt von der Aktualität der Bibel und aus der Idee wurde Realität: Abwechselnd kommentieren wir seitdem aus biblischer Perspektive politische, gesellschaftliche und kirchliche Themen, die die Schlagzeilen bestimmen.

In einem Radiointerview wurde ich dann irgendwann einmal gefragt, ob es nicht schwierig sei, immer etwas Passendes in der Bibel zu finden – Nachrichten erschienen ja schließlich fast stündlich neu und die Bibel bliebe immer die alte. Auf diese naheliegende Frage war ich nicht vorbereitet, aber ich antworte „Nein", ohne direkt eine Begründung geben zu können. Dabei hatte ich eine Antwort auf diese Frage in der Form eines Zitates an den Anfang unseres Blogs gestellt: „Man muss Bibel und Zeitung lesen. Man muss die Bibel lesen, damit man die Zeitung versteht. Die Zeitung verwirrt einen, wenn man sie nicht liest auf der Basis dessen, was die Bibel an Menschenbild und Zukunftsperspektive hat. Wenn man das aus dem Blick verliert, dann wird man, wie der Apostel Paulus sagt, hin und her getrieben vom Winde der Meinungen." Das hatte der verstorbene, ehemaligen Bundespräsidenten Johannes Rau einmal gesagt.

Ja, die Bibel ist eines der bedeutendsten kulturellen Zeugnisse der Menschheitsgeschichte. Sie ist der Ausdruck eines über Jahrhunderte andauernden Ringens mit der Welt und mit Gott, das unter anderem die Zehn Gebote und die Bergpredigt hervorgebracht hat und zu ethischen Maßstäben werden ließ. Und sie ist für Christinnen und Christen noch mehr: Die Bibel ist das Wort Gottes, das durch die Menschheitsgeschichte bis hin zum heutigen Leser und zur heutigen Leserin zum Erklingen gebracht wird. Dieses Wort endet dabei nicht am Kirchenausgang, sondern die Bibel bietet für den gesellschaftlichen Diskurs Antworten und Anfragen. Aber das ist nur die halbe Wahrheit. Denn die heute an die Bibel herangetragenen Fragen sind zum Teil ganz andere als vor hundert, tausend oder zweitausend Jahren. Jede Generation legt sozusagen notgedrungen die Bibel als Wort Gottes an sie neu aus. Und man muss auch ehrlich zugeben, dass nicht alle Antworten, die die Heiligen Schriften dem Fragenden anbieten, akzeptierbar sind – und manchmal findet man unterschiedliche, zum Teil widersprüchliche Antworten.

Direkt am Anfang

In einem meiner ersten Texte, die ich für den Blog schrieb, ging es um die Bundestagsdebatte, bei der über verschiedene Gesetzentwürfe, die die sogenannte „Sterbehilfe“ neu regeln sollten, diskutiert wurde. Besonders umstritten war und ist im Endeffekt heute noch die Beurteilung der „aktiven Sterbehilfe“: die gezielte und gewollte Herbeiführung des Todes durch das Handeln zum Beispiel eines Arztes aufgrund des tatsächlichen oder mutmaßlichen Wunsches einer schwerstkranken Person. In dieser Debatte hatte der christdemokratische Politiker Peter Hintze eine klare Position bezogen: „Ich halte es für unvereinbar mit dem Gebot der Menschenwürde, wenn aus dem Schutz des Lebens ein Zwang zum Qualtod würde.“ Ich war nicht so naiv zu glauben, dass sich in der Bibel eine solch eindeutige Position finden lassen würde, auch wenn sie als *norma normans* gilt – was auf Deutsch so viel bedeutet wie: die Norm aller Normen. Nüchtern betrachtet handelt es sich bei der Bibel um eine Ansammlung verschiedenster Schriften aus verschiedenen Zeiten von verschiedenen Autoren. Bereits das deutsche Wort „Bibel“ zeigt an, dass es sich nicht nur um ein Buch handelt, sondern um eine ganze Bibliothek. Der Begriff „Bibel“ leitet sich vom griechischen Ausdruck βιβλία (gesprochen: *biblia*) ab. Grammatikalisch handelt es sich um eine Pluralform, die sich folgendermaßen übersetzen lässt: „Bücher, Schriften, Briefe, Dokumente“. Aufgeteilt in das Alte und das Neue Testament finden sich in der katholischen Bibel insgesamt 73 Bücher mit den verschiedensten Stimmen in Form von Erzählungen, Sprichwörtern, Poesie, Briefen, Visionen und vielem mehr. Das Wort Gottes begegnet einem in der Bibel sozusagen in vielen Stimmen. Im Falle der Frage nach der aktiven Sterbehilfe waren es zwei Stimmen, die ich fand. Der Wunsch von Sterbenden, dass ihnen der Tod durch menschliche Fremdeinwirkung herbeigeführt wird, wird zweimal in der Bibel erzählt.

Im Buch der Richter wird im neunten Kapitel der Tod von Abimelech, dem ersten König in Israel, erzählt. Bei der Einnahme der ephraimitischen Stadt Tebez fliehen die Einwohner in einen befestigten Turm in der Mitte der Stadt. Als Abimelech sich dem Turm nähert, um ihn samt aller Einwohner zu verbrennen, wirft eine Frau vom Dach des Turmes einen Mühlstein auf Abimelechs Kopf „und zerschmetterte ihm den Schädel" (Richter 9,53). Die Zertrümmerung seines Schädels verdeutlicht die Tötung Abimelechs – dennoch äußert er im folgenden Vers gegenüber seinem Waffenträger noch einen Wunsch: „Zieh dein Schwert und töte mich! Man soll nicht von mir sagen: Eine Frau hat ihn umgebracht" (Richter 9,54).

In seiner Bitte verwendet er nicht dieselbe Verbform wie im fünften Gebot des Dekalogs: „Du sollst nicht töten" (Exodus 20,13 und Deuteronomium 5,17), das die Tötung mit böser Absicht verbietet, sondern es liegt ein Verb vor, dass sich von dem hebräischen Wort für „Tod" ableitet (hebräisch מות, gesprochen: *mawet*). Die Übersetzung mit „töte mich" wird dem hebräischen Vorlagetext jedoch nicht vollends gerecht. In der Bitte Abimelechs liegt eine äußerst seltene Form des Verbes vor, die Martin Buber passend übersetzt hat: „und töte mich vollends". Der Tod Abimelechs ist unabwendbar und er bittet seinen Waffenträger den Tod herbeizuführen. Der Waffenträger leistet aktive Sterbehilfe „und durchbohrte" Abimelech mit dem Schwert. Die Handlung des Waffenträgers, die Tötung des sterbenden Abimelechs durch das Schwert, wird vom Erzähler nicht kommentiert. Die Bibel gibt kein moralisches Urteil und als Ursache des Todes Abimelechs erinnert man sich nicht an die Handlung des Waffenträgers, sondern an die Handlung der Frau, an den Wurf des Mühlsteins (2 Samuel 11,21).

Im ersten Buch Samuel wird im 31. Kapitel vom Tod des ersten gesamt-israelitischen Königs Saul erzählt. Im Angesicht der verlorenen Schlacht gegen die Philister und der sich auf Saul richtenden Bogenschützen bittet Saul seinen Waffenträger: „Zieh dein Schwert und durchbohre mich damit! Sonst kommen diese Unbeschnittenen, durchbohren mich und treiben ihren Mutwillen mit mir" (1 Samuel 31,4). Der Waffenträger verweigert ihm diesen Wunsch und Saul stürzt sich selbst in sein eigenes Schwert. In 2 Samuel 1,1–16 wird jedoch berichtet, dass der Sturz Sauls in sein Schwert nicht seinen Tod herbeigeführt hat. Ein Mann aus dem Lager Sauls, ein Amalekiter, der vom Schlachtfeld zurückkehrt, berichtet David, dass er Saul auf dessen Wunsch hin getötet habe. Der Mann zitiert David den Todeswunsch Sauls: „Komm her zu mir und töte mich! Denn mich hat ein Schwächeanfall erfasst, aber noch ist alles Leben in mir" (2 Samuel 1,9).

In der erzählten Bitte Sauls findet sich dieselbe Verbform wie in der Bitte Abimelechs: „Töte mich vollends!"

Saul bittet um aktive Sterbehilfe und der Amalekiter handelt entsprechend dem Wunsch Sauls: „Ich ging also zu ihm hin und tötete ihn; denn ich wusste, dass er seinen Sturz nicht überleben würde“ (2 Samuel 1,10). Hier wie in 1 Samuel 31,4 findet sich dasselbe hebräische Wort: Saul ließ sich ins Schwert „fallen“ und der Amalekiter erkannte, dass Saul diesen „Fall“ nicht überleben wird. Er sagt damit aus, dass er die Selbsttötung Sauls auf dessen eigenen Wunsch zu Ende gebracht und nur den unvermeidlichen Tod herbeigeführt hat. Anders als im Fall Abimelechs bzw. seines Waffenträgers wird die Tat des Amalekiter jedoch verurteilt. David fragt ihn: „Wie kommt es, dass du dich nicht davor gefürchtet hast, deine Hand auszustrecken, um den Gesalbten des HERRN umzubringen?“ (2 Samuel 1,14). David verurteilt die Tat und befiehlt die Hinrichtung des Amalekiter als Mörder.

Beide Geschichten weisen auf einen wichtigen Aspekt innerhalb der Diskussion um die aktive Sterbehilfe hin: Handelt es sich bei aktiver Sterbehilfe um eine zu verurteilende Tötung oder ist aktive Sterbehilfe eine nicht zu verurteilende Herbeiführung des unvermeidlichen Todes aufgrund des Wunsches des Sterbenden? Dabei fällt in beiden Geschichten auf, dass der Wunsch nach aktiver Sterbehilfe nicht beurteilt und nicht verurteilt wird. Einen weiteren wichtigen Aspekt betont besonders die Geschichte um den Tod Sauls: Was bedeutet aktive Sterbehilfe für denjenigen, der sie am Sterbenden ausführen soll? Besonders auffallend ist im Zusammenhang mit dieser Frage, dass der Waffenträger die Tötung Sauls ablehnt, weil er sich „fürchtet“.

Und der Amalekiter wird von David zum Tode verurteilt, weil er sich nicht „gefürchtet“ hat, Saul zu töten. In beiden Fällen steht im hebräischen Text das Verb ירא (gesprochen: *jara*). Dieser Begriff kann in der Hebräischen Bibel die einfache Bedeutung „sich fürchten“ haben, er wird aber auch verwendet, um den hebräischen Begriff für Gottesfurcht zu bilden (יראת יהוה, gesprochen: *jerat adonaj*). In der Frage Davids in 2 Samuel 1,14 wird deutlich, dass die Tötung Sauls auch eine Handlung gegen Gott darstellt und der Gottesfurcht widerspricht, über die es im Buch Kohelet heißt: „Fürchte Gott und achte auf seine Gebote!“ (Kohelet 12,13).

Nun gibt es im Alten und auch im Neuen Testament kein Gebot Gottes, dass die aktive Sterbehilfe regelt – und auch wenn es ein biblisches Gesetz geben würde, wäre dies nicht der Schlussstrich unter die aktuelle Diskussion zu diesem Thema. Allerdings verweist der Begriff der Furcht bzw. der Gottesfurcht darauf, dass der Mensch sich für seine Taten verantworten muss – gegenüber anderen und gegenüber Gott. Wolfhart Pannenberg (1928–2014), ein bedeutender evangelischer Theologe, schreibt über die Gottesfurcht: „Gott fürchten – das heißt, Gott als Gott anzuerkennen in seiner Erhabenheit und Macht, als den Schöpfer, von dem unser Leben in jedem Augenblick abhängt, und als den Richter, vor dem nichts verborgen bleibt.“[1] In Bezug auf die Frage nach der aktiven Sterbehilfe bedeutet dies, dass sich derjenige, der die Sterbehilfe erbittet, und derjenige, der gewillt ist, die Bitte zu erfüllen, vor Gott zu verantworten haben. In diesem Kontext kann die Anfrage berechtigt sein, ob es einen „Zwang zum Qualtod", wie Peter Hintze die momentane Gesetzeslage zur Sterbehilfe beschrieben hat, geben darf: Kann Gott einen qualvollen Tod wollen? Allerdings ist zugleich die Verantwortung des Menschen gegenüber Gott zu bedenken, dem die Bibel die „Macht über den Sterbetag" (Kohelet 8,8) zuschreibt und es stellt sich die Frage, was es bedeutet, zu Gott zu beten: „In deiner Hand steht meine Zeit" (Psalm 31,16)?

So endet dieser Text für den Blog zum Thema aktive Sterbehilfe mit Fragezeichen anstatt einer klaren Position. Nicht zu allen Fragen der Zeit findet man Antworten in der Bibel und sehr oft ergeben sich nach dem Lesen mehr Fragen als zuvor. Wenn man sich darauf einlässt, die einen umtreibenden Fragen im Dialog mit den in der Bibel versammelten Stimmen zu diskutieren, ist die Bibel aktuell. Das versuche ich immer wieder aufs Neue und auf diesen Diskussionen mit der Bibel basieren die hier veröffentlichten biblischen Gedankengänge und Essays.

Mit dem Herzen lesen

Ohne Zweifel prägt es die eigene Bibellektüre, wenn man jahrelang alle zwei Wochen mit einer politischen, gesellschaftlichen oder kirchlichen Themenstellung durch die Bücher blättert. Und zugleich prägen bestimmte Bibelstellen meine Art und Weise, die Heilige Schrift zu lesen. Da ist zum Beispiel diese eine Aussage im Buch Deuteronomium. Die vom erzählten Mose verkündete Lehre Gottes sei weder eine Überforderung noch sei sie unverständlich. Das

Gebot Gottes müsse nicht erst durch himmlische Wahrheiten oder neue Offenbarungen erschlossen werden. Es bedarf keiner die Grenzen des Menschseins übersteigende Anstrengungen: „Denn dieses Gebot, auf das ich dich heute verpflichte, geht nicht über deine Kraft und ist nicht fern von dir. [...] Nein, das Wort ist ganz nah bei dir, es ist in deinem Mund und in deinem Herzen, du kannst es halten" (Deuteronomium 30,11.14). Anders als die Weisheit, die zumindest gemäß dem Buch Ijob weit entfernt, verhüllt und verborgen ist, ist das im Buch Deuteronomium gegebene, geoffenbarte Gesetz einfach zugänglich. Es wird im Israeliten selbst verortet, sowohl in seinem Denken als auch in seinem Reden. Diese Aussage ist keine Mahnung, sondern eine Voraussetzung: „[...] wovon das Herz überfließt, davon spricht der Mund" (Matthäus 12,34) – und daraus soll das gute Handeln gemäß dem Gesetz folgen.

Gottes Wort ist somit im Herzen verankert. Im Neuen Testament nimmt sich Maria Gottes Wort zu Herzen. Das Lukasevangelium berichtet, dass nach der Geburt Jesu den Hirten Engel erschienen sind und ihnen die frohe Botschaft der Geburt des Messias verkündet haben. Die Hirten eilten daraufhin zu Maria, Josef und dem Neugeborenen und berichteten ihnen alles: „Und alle, die es hörten, staunten über das, was ihnen von den Hirten erzählt wurde. Maria aber bewahrte alle diese Worte und erwog sie in ihrem Herzen" (Lukas 2,18–19). Die vom Autor verwendeten Verben sind bemerkenswert und für mich wegweisend: (1.) Das griechische Verb συντηρέω (gesprochen: *syntereo*) steht hier im Imperfekt und drückt damit eine zum erzählten Zeitpunkt nicht abgeschossene Handlung aus. Maria nahm die Worte auf und bewahrte sie für sich, das heißt sie wurden Teil ihres Glaubensschatzes. Aber sie nimmt die Worte nicht einfach hin, sondern sie interpretiert sie. (2.) Das Verb συμβάλλω (gesprochen: *symballo*) beschreibt die beurteilende Interpretation einer Sachlage. Dieses Abwägen Mariens geschieht jedoch nicht nur auf rein intellektueller Ebene, also nicht im Intellekt, sondern im Herzen. Sowohl in Deuteronomium 30,14 als auch in Lukas 2,19 ist mit dem Herzen die Personenmitte als Sitz des Verstandes, des Willens, der sittlichen Entscheidungen und der Gefühle benannt. Das Herz ist der Ort der Gottesbeziehung: Gott prüft die Herzen der Menschen; der Mensch ist gehalten, seinen Gott mit ganzem Herzen zu lieben; Ziel alles menschlichen Handelns ist ein reines Herz, das sich für Gott entscheidet. Während in der Körpermetaphorik des modernen Denkens Verstand und Emotionen getrennt sind, bilden sie im hebräischen Denken eine Einheit, die im Herz verortet wird. In der Hebräischen Bibel wird nicht mit dem Kopf gedacht, sondern mit dem Herzen – gleiches gilt für das Neue Testament.

Rückwärts lesen

Anstatt die Bibel systematisch zu lesen, sich vielmehr durch äußere Anstöße durch sie treiben zu lassen, gleicht manchmal einer Entdeckungsfahrt: Man weiß eben nicht vorher, wohin man gelangen wird, und erst recht nicht, ob dies einem gefallen wird. Aber diese Art der Konfrontation der Gegenwart mit der Bibel ist meiner Ansicht schon im Verständnis von Zeit und Geschichte in der hebräischen Sprache angelegt. Im hebräischen Denken liegt die Zukunft „hinter“ und die Vergangenheit „vor“ einem. Das Wort לפני („vor/vorher“; gesprochen: *lifnej*) leitet sich von dem hebräischen Wort für Gesicht ab und gibt an, dass etwas einem vor dem Gesicht steht, sich also im Angesicht der Person befindet. Das Wort אחר („hinter/danach“; gesprochen: *achar*) leitet sich von dem hebräischen Wort für „Rücken“ ab. Die Vergangenheit liegt dem Menschen somit vor seinem Angesicht und die Zukunft liegt ihm oder ihr im Rücken. Man sieht also in die Vergangenheit, aber geht unaufhaltsam in die Zukunft.

Dieser Gedanke fasziniert mich und er liegt auch diesem Buch zugrunde. Beim Rückblick auf die vielen Texte, die ich in den vergangenen Jahren für den Blog „Dei Verbum“ geschrieben hatte, wurden schnell Themen sichtbar, die immer wiederkehrten. Das mag viele Gründe haben: vielleicht weil es Dauerthemen in der Gesellschaft sind oder vielleicht weil ich selbst diese Themen nicht aus den Augen lasse oder beides. In den einzelnen Texten erkannte ich dann nicht nur immer neue Anläufe, ein Thema neu zu erschließen, sondern ein fortschreitendes Nachdenken, das auch mit der Veröffentlichung dieses Buches nicht abgeschlossen ist. Trotzdem sind es absolut und radikal formulierte Texte, denn radikal ist, was an die Wurzel geht.

Auslegung

Als gläubiger Christ frage ich mich in der Welt, in der ich lebe: Worauf wurzeln mein Glaube und die Kirche in dieser Welt? Eine der Antworten auf diese Frage habe ich für mich als Ausleger der Heiligen Schriften im Buch Nehemia gefunden.

Nach der Zerstörung Jerusalems, nach dem Exil in Babylonien und nach der Wiedererrichtung des Tempels versammelt sich das Volk nicht an heiliger Stätte, sondern im öffentlichen Raum. Es ergreift die Initiative und lässt sich nichts sagen, sondern will hören: „Das ganze Volk versammelte sich geschlossen auf dem Platz vor dem Wassertor und bat den Schriftgelehrten Esra, das Buch mit der Weisung des Mose zu holen, die der HERR den Israeliten geboten hat. Am ersten Tag des siebten Monats brachte der Priester Esra die Weisung vor die Versammlung, Männer und Frauen und überhaupt alle, die schon mit Verstand zuhören konnten" (Nehemia 8,1–2). Dabei gibt es keine elitären Unterscheidungen, keine Sondergruppen, keine Unterschiede, er richtet sich an alle, „die schon mit Verstand zuhören konnten". Egal, ob Mann oder Frau, sie alle versammeln sich um das Buch, das an das Volk gerichtete Wort Gottes: „Vom frühen Morgen bis zum Mittag las Esra auf dem Platz vor dem Wassertor den Männern und Frauen und denen, die es verstehen konnten, daraus vor. Das ganze Volk lauschte auf das Buch der Weisung" (Nehemia 8,3). Im Mittelpunkt stehen keine schnell vorgetragenen Thesen, keine eingedampften Parolen, sondern die Ausdauer verlangende Weisung Gottes. Und drumherum: Aufmerksamkeit, Konzentration, Fokussierung. „Der Schriftgelehrte Esra stand auf einer Kanzel aus Holz, die man eigens dafür errichtet hatte. Neben ihm standen rechts Mattitja, Schema, Anaja, Urija, Hilkija und Maaseja und links Pedaja, Mischaël, Malkija, Haschum, Haschbaddana, Secharja und Meschullam" (Nehemia 8,4). Die Verkündigung geschieht von oben herab, damit sie hörbar ist, nicht damit sie autoritär wirkt. Die Autorität liegt im Wort Gottes – nicht in der verkündenden Person. Und es ist auch nicht eine Person allein, die das Wort verkündet, sondern Esra ist symbolisch umgeben von Laien, die für das gesamte Volk dort oben neben ihm stehen. In der Verkündigung trennt kein Amt und kein sozialer Status. „Esra öffnete das Buch vor aller Augen; denn er stand höher als das versammelte Volk. Als er das Buch aufschlug, erhoben sich alle. Dann pries Esra den HERRN, den großen Gott; darauf antworteten alle mit erhobenen Händen: Amen, amen! Sie verneigten sich, warfen sich vor dem HERRN nieder, mit dem Gesicht zur Erde" (Nehemia 8,5–6). In der Verkündigung des Wortes begegnet das Volk seinem Gott. Aus dieser Begegnung entsteht Gottesdienst. Es sind eben nicht nur Worte für die Gläubigen. „Jeschua, Bani, Scherebja, Jamin, Akkub, Schabbetai, Hodija, Maaseja, Kelita, Asarja, Josabad, Hanan und Pelaja, die Leviten, erklärten dem Volk die Weisung; die Leute blieben auf ihrem Platz" (Nehemia 8,7). Das Ja und Amen erklingt gar, bevor sie das Gehörte verstehen. Das Wort Gottes ist nicht selbsterklärend, auch wenn es direkt an den Menschen gerichtet ist. Dienst am Menschen bedeutet nun, dorthin zu gehen, wo die Leute sind, und ihnen die Weisung zu erklären. „Man las aus dem Buch, der Weisung Gottes, in Abschnitten vor und gab dazu Erklärungen, sodass die Leute das Vorgelesene verstehen konnten" (Nehemia 8,8). Es reicht nicht, die frohe Botschaft herauszubrüllen. Nein, sie muss erklärt werden. Sie muss in kleinen Schritten den Menschen eröffnet werden, damit sie selbst darin Bedeutung finden und die Worte verstehen können.

Das Wort Gottes zu verstehen, das bedeutet: betroffen sein. Das Volk reagiert mit großer Trauer, denn es versteht, dass es nicht nach dem Willen Gottes lebt – vielleicht spüren sie auch die große Last der Weisung Gottes. Aber darauf hat der Schriftgelehrte Esra eine einfache und alle Zeit gültige Antwort: „Macht euch keine Sorgen; denn die Freude am HERRN ist eure Stärke" (Nehemia 8.10).

Im Dialog mit der Gewalt

Von der Körper- zur Todesstrafe

In Deutschland ist die Körperstrafe gemäß den Europäischen Menschenrechtskonvention verboten. Ein Gesetz – wie das im Folgenden zitierte –, das die Körperstrafe befürwortet, kann als rückschrittlich, überholt und unmenschlich beurteilt werden: „Wenn zwei Männer eine Auseinandersetzung haben, vor Gericht gehen und man zwischen ihnen die Entscheidung fällt, indem man dem Recht gibt, der im Recht ist, und den schuldig spricht, der schuldig ist, dann soll der Richter, falls der Schuldige zu einer Prügelstrafe verurteilt wurde, anordnen, dass er sich hinlegt und in seiner Gegenwart eine bestimmte Anzahl von Schlägen erhält, wie es seiner Schuld entspricht. Vierzig Schläge darf er ihm geben lassen, mehr nicht. Sonst könnte dein Bruder, wenn man ihm darüber hinaus noch viele Schläge gibt, vor deinen Augen entehrt werden." Diese Verse stammen aus dem Alten Testament, dem ersten Teil der normativen heiligen Schrift des Christentums. Sie stehen in Deuteronomium 25,1–3 und gelten als göttliches

Gesetz. Gemäß dem Buch Levitikus sagt Gott selbst: „Ihr sollt alle meine Satzungen und alle meine Rechtsentscheide bewahren und sie befolgen. Ich bin der HERR" (Levitikus 19,37). Noch in der Zeit des Neuen Testaments wurde die im Buch Deuteronomium erwähnte Körperstrafe angewandt. Paulus berichtet in seinem zweiten Brief an die Korinther davon, dass er zur Körperstrafe durch Prügel verurteilt wurde und sie erlitten hat: „Fünfmal erhielt ich von Juden die vierzig Hiebe weniger einen" (2 Korinther 11,24). Gemäß dem Alten Testament gehört die Körperstrafe zum Rechtssystem des biblischen Israel.

Die ethische Qualität der Bibel kann in den Augen eines Lesers und einer Leserin vollends verlorengehen, wenn er oder sie zum Beispiel im Buch Deuteronomium nur wenige Kapitel vorher liest, dass ein erwachsener „störrischer und widerspenstiger Sohn", der nicht auf seine Eltern hört, von den Ältesten der Stadt zum Tod durch Steinigung verurteilt werden soll: „Wenn ein Mann einen störrischen und widerspenstigen Sohn hat, der nicht auf die Stimme seines Vaters und seiner Mutter hört, und wenn sie ihn züchtigen und er trotzdem nicht auf sie hört, dann sollen Vater und Mutter ihn packen, vor die Ältesten der Stadt und die Torversammlung des Ortes führen und zu den Ältesten der Stadt sagen: Unser Sohn hier ist störrisch und widerspenstig, er hört nicht auf unsere Stimme, er ist ein Verschwender und Trinker. Dann sollen alle Männer der Stadt ihn steinigen und er soll sterben. Du sollst das Böse aus deiner Mitte wegschaffen. Ganz Israel soll davon hören, damit sie sich fürchten" (Deuteronomium 21,18–21). Solche

Arten der Bestrafung gehören nicht mehr zum modernen Rechtssystem und die Bibel ist in diesem Punkt sozusagen „überholt". Aber dennoch sind solche Gesetzestexte in der Bibel zu finden. Wie kann man als gläubige Bibelleserin und als gläubiger Bibelleser mit solchen Texten umgehen?

Wegargumentieren?

Historisch betrachtet ist der Text aus dem Buch Deuteronomium, der die Körperstrafe als rechtmäßige Bestrafung anerkennt, ein typischer Rechtstext des Alten Orients. Ja, die Formulierung in Deuteronomium 25,1–3 stellt sogar einen Fortschritt in der damaligen Rechtsprechung dar: Zwar gibt es hier die Möglichkeit, eine Körperstrafe anzuordnen, aber die Zahl der auf einmal zugefügten Schläge wird auf 40 begrenzt. Das Gesetz nimmt besondere Rücksicht auf die Würde des zu Bestrafenden. Eine solche Erklärung des biblischen Textes würdigt den Inhalt in seinem historischen Kontext – aber eine solche Erklärung lässt zugleich offen, welche Relevanz der Text für die Leserin und den Leser heute noch haben könnte.

Positiv betrachtet könnte man antworten: Die Lehre des Textes ist es, dass bei der Bestrafung eines Menschen dessen Ehre beziehungsweise seine Würde berücksichtigt werden muss – aber das Faktum, dass hier eine Prügelstrafe legitimiert wird, bleibt dennoch bestehen und kann nicht aus dem Text wegargumentiert werden. Wenn man nun die Körperstrafe nicht einfach aus dem Text verschwinden lassen kann, so könnte man ja zumindest darauf hinweisen, dass es andere Texte in der Bibel gibt, die viel „wichtiger" sind: zum Beispiel das Gebot der Nächstenliebe, die Zehn Gebote und die Bergpredigt. Solche Texte haben eine bedeutende Wirkungsgeschichte und sie verbinden sich auch eher mit der subjektiv positiven Wahrnehmung der Bibel. Dennoch bleibt das Faktum bestehen, dass eben auch ein Text wie zum Beispiel die Aufforderung, einen erwachsenen widerspenstigen Sohn zu steinigen, zur Bibel gehört.

Warum soll das Gebot der Nächstenliebe heute noch eine besondere Geltung haben, während die Körperstrafe und die Steinigung zu verwerfen sind? Auf eine solche Frage könnte man antworten: Das Gebot der Nächstenliebe besitzt weiterhin Gültigkeit, da es von Jesus gemäß dem Markusevangelium neben dem Gebot der Gottesliebe als wichtigstes Gebot definiert wird: „Ein Schriftgelehrter hatte ihrem Streit zugehört; und da er bemerkt hatte, wie treffend Jesus ihnen antwortete, ging er zu ihm hin und fragte ihn: Welches Gebot ist das erste von allen? Jesus antwortete: Das erste ist: Höre, Israel, der Herr, unser Gott, ist der einzige Herr. Darum sollst du den Herrn, deinen Gott, lieben mit ganzem Herzen und ganzer Seele, mit deinem ganzen Denken und mit deiner ganzen Kraft. Als zweites kommt hinzu: Du sollst deinen Nächsten lieben wie dich selbst. Kein anderes Gebot ist größer als diese beiden" (Markus 12,28–31). Aber Jesus sagt in der Bergpredigt des Matthäusevangeliums eben auch: „Wer auch nur eines von den kleinsten Geboten aufhebt und die Menschen entsprechend lehrt, der wird im Himmelreich der Kleinste sein. Wer sie aber hält und halten lehrt, der wird groß sein im Himmelreich" (Matthäus 5,19).

Kein Weg führt daran vorbei, dass sowohl Körperstrafen als auch die Todesstrafe zur Bibel gehören. Solche Texte lassen sich weder historisch wegargumentieren noch in ihrer Bedeutung relativieren – und dennoch müssen Bibelleser und -leserinnen die Aussagen dieser Textstellen nicht einfach hinnehmen. Die erste Reaktion, die einem beim Lesen solcher Textstellen überkommt – das Hinterfragen, Kritisieren und Zurückweisen –, gehört zum Bibellesen dazu. Wie in einem guten Gespräch gehört es dazu, der Stimme des Anderen zuzuhören. Aber es ist eben auch erlaubt, zu antworten und zu widersprechen. Dabei hat weder die Bibel noch der Leser oder die Leserin das letzte Wort. Ein Vorbild für diese Art der Lektüre finden sich bereits in der Bibel selbst: bei Abraham.

Im Buch Genesis teilt Gott Abraham mit, dass er nach Sodom und Gomorra gehen wird, um Gericht über die Stadt zu halten. Abraham nimmt dies nicht einfach hin, sondern fragt ihn: „Willst du auch den Gerechten mit den Ruchlosen wegraffen?" (Genesis 18,23). Dieses Hinterfragen der Absicht Gottes gehört grundlegend zur Bibellektüre dazu. Der Bibeltext muss sich vor dem Leser und der Leserin verantworten und zugleich müssen sich auch Bibelleserinnen und Bibelleser vor dem Bibeltext rechtfertigen – auch die Bibel ist menschlich.

Zur Todesstrafe

Kaum ist die Menschheit erschaffen, geschieht in der biblischen Geschichte bereits der erste Mord. Kain ermordet

Abel. Gott bestraft ihn nicht mit dem Tod. Es folgt eine Geschichte der Menschheit voller Sünde, die zur Sintflut führt. Gott will alles Lebendige auf Erden aufgrund dessen Bösartigkeit zerstören – und nur Noach findet Gnade in seinen Augen. Noach wird nach der Sintflut zum Urvater aller Menschen und eine neue Weltordnung beginnt, zu der die Todesstrafe dazugehört. Gott erlässt ein Gesetz, das für die gesamte Menschheit gilt, als er zu Noach spricht: „Wer Menschenblut vergießt, dessen Blut wird durch Menschen vergossen. Denn: Als Abbild Gottes hat er den Menschen gemacht" (Genesis 9,6).

Der hier wiedergegebene Text der Einheitsübersetzung aus dem Jahr 1978 stellt eine Lesemöglichkeit des hebräischen Texts dar, die zwei klare Aussagen beinhaltet: (1.) Das menschliche Leben ist unantastbar, da es heilig ist. Als Abbild Gottes hat der Mensch eine besondere Würde und steht unter dem Lebensschutz Gottes. Daher muss an einem Mörder die Todesstrafe vollstreckt werden. (2.) Die Menschheit ist dazu beauftragt, die Todesstrafe zu vollstrecken. Die Todesstrafe ist göttlicher Wille und die menschliche Gemeinschaft ist dessen Vollstrecker. Diese Auslegung steht im Einklang mit der Vielzahl der biblischen Gesetze, in denen die Todesstrafe gefordert wird.

Aber auf der Grundlage des hebräischen Textes von Genesis 9,6 gibt es noch eine zweite Lesemöglichkeit, die nun in der revidierten Einheitsübersetzung von 2016 nachzulesen ist: „Wer Blut eines Menschen vergießt, um dieses Menschen willen wird auch sein Blut vergossen. Denn als Bild Gottes hat er den Menschen gemacht" (Genesis 9,6). Über die Aussage dieses Verses entscheidet das Verständnis eines einzelnen Buchstabens. Die ersten drei Wörter bereiten in der Übersetzung keine Probleme: „Der, der Menschenblut vergießt, [...]" – und dann kommt im hebräischen Text das Wort באדם (gesprochen: *ba'adam*). Es besteht aus zwei Teilen: einer Präposition, die durch den Buchstaben ב angezeigt wird, und dem Wort אדם, das „Mensch" bedeutet. Die Präposition kann, wie die beiden Versionen der Einheitsübersetzung zeigen, unterschiedlich übersetzt werden: (1.) „durch den Menschen soll sein Blut vergossen werden": Ein Mensch soll den Mörder hinrichten. Oder (2.) „um des Menschen willen soll sein Blut vergossen werden": Weil das Blut des Opfers vergossen wurde, wird auch das Blut des Täters vergossen werden – der Täter wird sterben.

Die erste Auslegungsmöglichkeit sagt deutlich, dass ein Mensch die Todesstrafe ausüben soll, während die zweite Lesemöglichkeit offenlässt, wer das Subjekt der Tötung ist. In beiden Möglichkeiten wird dem Täter dessen Lebensschutz entzogen. Aber in der zweiten Lesemöglichkeit wird die Todesstrafe, die von Menschenhand vollstreckt wird, weder als notwendig begründet, noch wird ihr Vollzug eingefordert. Vielleicht spricht der nähere Kontext von Genesis 9,6 für die zweite Lesemöglichkeit.

In der Welt nach der Sintflut darf der Mensch Fleisch essen und das friedliche Miteinander zwischen Menschen und Tieren wandelt sich. Gott setzt Furcht und Schrecken in die Tiere, damit sie für den Menschen nicht zur Gefahr werden. Damit die Welt nicht mehr von tödlicher Gewalt erfüllt wird, verkündet sich Gott als oberster Richter:

„Wenn aber euer Blut vergossen wird, fordere ich Rechenschaft für jedes eurer Leben. Von jedem Tier fordere ich Rechenschaft und vom Menschen. Für das Leben des Menschen fordere ich Rechenschaft von jedem, der es seinem Bruder nimmt" (Genesis 9,5). Dreimal wiederholt Gott in diesen kurzen Satz die Formel: „Ich fordere Rechenschaft ein." Wenn ein Mensch ermordet wird, sei es durch ein Tier oder durch einen anderen Menschen, muss sich der Täter vor Gott verantworten. Aber anders als in der ersten Lesemöglichkeit für Genesis 9,6, „durch den Menschen soll sein Blut vergossen werden", fordert Gott hier nicht ein, dass der Mensch ein Tier, das einen Menschen umgebracht hat, jagen und töten soll. Die Strafe wird eingefordert, aber es wird nicht gesagt, wer die Strafe vollstreckt.

Dies könnte darauf hindeuten, dass auch in Genesis 9,6 nicht festgelegt wird, wer die Tat vollstreckt. Genesis 9,5 beschreibt das Grundverhältnis zwischen den Menschen positiv. Die Bezeichnung „Brüder" verdeutlicht, dass sich die gesamte Menschheit als Familie verstehen soll. In diesem Sinne gibt es nicht einfach „irgendeinen" Menschen, sondern alle sind Geschwister und jeder Mord ist ein Bruder- bzw. Schwestermord. Die Würde des Menschen ist in seiner Existenz als Bild Gottes verankert und in den Augen der anderen Menschen durch die familiäre Bande gegeben. Der Mensch ist mehr als seine rein vergängliche Lebenssituation. Gemäß dem Buch Genesis haben alle Menschen nicht nur in Adam und Eva gemeinsame Vorfahren, sondern jeder Mensch ist Bild Gottes, wie es an der wohl bekanntesten Bibelstelle zu dieser Thematik, in Genesis

1,26–27, heißt: „Dann sprach Gott: Lasst uns Menschen machen als unser Bild, uns ähnlich! Sie sollen walten über die Fische des Meeres, über die Vögel des Himmels, über das Vieh, über die ganze Erde und über alle Kriechtiere, die auf der Erde kriechen. Gott erschuf den Menschen als sein Bild, als Bild Gottes erschuf er ihn. Männlich und weiblich erschuf er sie" (Genesis 1,26–27).

An dieser Stelle verwirren die Leserin und den Leser bereits die ersten Worte Gottes: Er spricht von sich selbst in der Wir-Form – „Lasst uns [...]". Und dann folgt die Aussage, dass der Mensch als Mann und Frau das Bild dieses „Wir" ist. Aber was heißt es nun, „Bild Gottes" zu sein? Der hebräische Begriff צלם (gesprochen: *zäläm*), der in der Einheitsübersetzung mit „Bild" übersetzt ist, bezeichnet an anderen Stellen eine Statue im Sinne eines „Repräsentationsbildes" – das Gott ähnlich ist, aber ihm nicht gleicht. Der Kontext dieser Aussage zeigt, dass es hier nicht um die Qualität des Menschen geht, sondern um seine Funktion: Der Mensch ist an Gottes statt in der Welt beauftragt, die von Gott gut erschaffene Welt in Ordnung zu halten. Der Mensch ist der Statthalter Gottes auf Erden. Diese dem Menschen verliehene Gewalt ist eine lebensfördernde, die nicht nur Königen zusteht, sondern – gewissermaßen demokratisiert – einen Auftrag an jeden Menschen darstellt (siehe auch Jesus Sirach 17,1–10).

Der Text von Genesis 9,6 lässt offen, ob der Mensch an Gottes statt selbst die Todesstrafe vollstrecken darf: Ist der Täter nicht ebenso wie das Opfer ein Abbild Gottes? Blickt man genauer auf die im Buch Exodus beschriebenen Fälle, in denen das alttestamentliche Gesetz die Todesstrafe fordert, fällt Folgendes auf: Diese Textstellen sind in Bezug auf die Vollstreckungsgewalt des Todesurteils auffallend unpräzise formuliert. Auf die Tötung eines Menschen, auf Menschenraub, auf das Schlagen oder Verfluchen der Eltern und auf Sodomie steht die Todesstrafe (siehe Exodus 21,12–18).

Die Formulierung der Strafe ist äußerst kurz, unter poetischen Gesichtspunkten sehr schön und bedeutungsoffen beschrieben. Durch eine etymologische Figur, der Verwendung zweier aufeinanderfolgender Worte mit demselben Wortstamm, wird das Urteil prägnant mit nur zwei Worten formuliert: מות יומת (gesprochen: *mot jumat*). Wörtlich übersetzt bedeutet dies: „Zu sterben wird er getötet werden." Mit Nachdruck wird verdeutlicht, dass sich der Täter durch seine Tat den Tod verdient hat. Zudem ist die Hinrichtung institutionell normiert und damit gerechtfertigt. Allerdings lässt die passive Formulierung offen, wem es zusteht, das Urteil zu vollstrecken. Darf ein Mensch der Henker des Abbildes Gottes sein? Oder steht dies nur Gott selbst zu?

Die Leerstelle der passivischen Formulierung im Buch Exodus wird im Buch Deuteronomium gefüllt. Die Gesellschaft ist sowohl am Todesurteil als auch an der Hinrichtung beteiligt – alles geschieht nicht nur im Namen des Volkes, sondern durch das Volk. Jeder Einzelfall muss von Menschen verantwortungsvoll entschieden werden. Ein Todesurteil kommt nur zustande durch übereinstimmende Aussagen von zwei oder drei Zeugen und die Vollstreckung wird nicht an einen Henker delegiert, sondern die Gemeinschaft selbst, voran die Zeugen, vollstrecken das Urteil durch eine gemeinschaftliche Steinigung des Verurteilten: „Wenn es um Leben oder Tod eines Angeklagten geht, darf er nur auf die Aussage von zwei oder drei Zeugen hin zum Tod verurteilt werden. Auf die Aussage eines einzigen Zeugen hin darf er nicht zum Tod verurteilt werden. Wenn er hingerichtet wird, sollen die Zeugen als Erste ihre Hand gegen ihn erheben, dann erst das ganze Volk. Du sollst das Böse aus deiner Mitte wegschaffen“ (Deuteronomium 17,6–7). Dieses Gesetz führt vor Augen, wie konkret die Vollstreckung der Todesstrafe die Gemeinschaft betrifft. Die Zeugen legen nicht nur ein Zeugnis ab, sie müssen auch Verantwortung übernehmen für den Tod des Angeklagten. Ein Todesurteil ist nie abstrakt. Die Folgen werden real vor Augen geführt und jeder im Volk muss einen aktiven und verantwortlichen Anteil an der Vollstreckung übernehmen. In der modernen, europäischen Gesellschaft ist so ein Fall undenkbar, dass jeder Einzelne des Volkes – überzeugt von der Schuld eines Täters – selbst Steine vom Boden aufhebt und das Todesurteil gemeinschaftlich vollstreckt wird.

Das Alte Testament bietet kein Plädoyer gegen die Todesstrafe, aber vielleicht stellt bereits die Aussage in Genesis 9,6 die Frage, ob ein Mensch die Todesstrafe vollstrecken darf. Der Blick in die biblischen Gesetze weist weitere kritische Anfragen auf, die hinter den Texten stehen: Wer hat das Recht, über das Leben eines Menschen zu urteilen? Wer hat die Verantwortung für die Vollstreckung zu tragen?

Man kann gar mit der Bibel gegen die Bibel argumentieren: Hört ein Mörder auf, Abbild Gottes zu sein? Gehört ein Mörder nicht trotz seiner Tat zur Familie der Menschheit? Wem steht es zu, die Todesstrafe zu vollstrecken? Als Papst Franziskus den Katechismus änderte und die Katholische Kirche damit verpflichtete, „sich mit Entschiedenheit für deren Abschaffung in der ganzen Welt" einzusetzen (KKK 2267), erklärte er dies – was doch eigentlich gegen die Aussagen in der Bibel steht, denn weder das Alte noch das Neue Testament verbieten die Todesstrafe – mit einem grundlegenden Prinzip einer jeden Bibellektüre: „Man kann das Wort Gottes nicht einmotten, als wäre es eine alte Wolldecke, die man vor Schädlingen bewahren müsste. Nein! Das Wort Gottes ist eine dynamische Wirklichkeit, stets lebendig, und es entwickelt sich und wächst […]."[2]

Die Bibel selbst ist ein Dialog verschiedener Autoren zu verschiedenen Zeiten – und dieser Dialog, der zu neuen Erkenntnissen führen kann, setzt sich bis heute im Lesen und in der Auslegung der Bibel fort. Der Text der Bibel ist selbst, wie sich an Genesis 9,6 zeigt, offen für Interpretationen und Anfragen. Und manchmal gehört die Bibel selbst, wie im Falle der Körperstrafe, auf die Anklagebank.

Die dienende Frau
Vom Objekt zur Gottesanklägerin

Eine feste Beziehung zu einem Mann kann für Frauen eine extrem gefährliche Angelegenheit sein: 138.893 Opfer partnerschaftlicher Gewalt gab es in Deutschland 2017 laut Polizeistatistik, 82 Prozent davon waren Frauen. Der Verein „Frauen gegen Gewalt" verweist darauf, dass 25 Prozent der in Deutschland lebenden Frauen schon Gewalt durch einen Beziehungs- oder Lebenspartner erlebt haben.

In diesen erschreckenden Zahlen zeigt sich ein Weltbild, das man in Genesis 3,16 bestätigt sehen könnte. Nach dem sogenannten Sündenfall im Garten Eden legt Gott in dieser Bibelstelle das Verhältnis der Frau zu ihrem Ehemann fest: „Nach deinem Mann hast du Verlangen und er wird über dich herrschen" (Genesis 3,16). Die Zugehörigkeit einer Frau zu ihrem Mann wird als Erfüllung ihres Daseins dargestellt. Die Frau sei dem Mann klar untergeordnet.

So warnt Jesus Sirach seine Schüler explizit vor Situationen, in denen sich Ehemänner ihren Frauen als unterlegen erweisen: „Wie ein sandiger Aufstieg für die Füße eines älteren Menschen, so ist eine geschwätzige Frau für einen stillen Mann. Fall nicht herein auf die Schönheit einer Frau und verzehr dich nicht nach einer Frau! Zorn, Schamlosigkeit und große Schande bringt es, wenn eine Frau für ihren Mann aufkommt" (Jesus Sirach 25,20–22). Der Weisheitslehrer reagiert mit seinen zum Teil sexistischen Ausführungen auf die soziale Stellung der Frau, die sich aufgrund des hellenistischen Einflusses verändert hatte. Sie war wesentlich stärker und stellte die traditionelle Rollenaufteilung innerhalb der Ehe infrage.

Die Geschichte von Adam und Eva im Garten Eden ist für ihn der Beweis, dass die Frau der Anfang aller Sünde ist (siehe Jesus Sirach 25,24). Aber auch Adam hat freiwillig und ohne Zwang von der Frucht des Baumes der Erkenntnis von Gut und Böse gegessen. Und die Herrschaft des Mannes über die Frau, die Gott in Genesis 3,16 verkündet, hat zwei Seiten. Ohne Zweifel handelt es sich um eine patriarchalische Weltanschauung. Der Text stammt aus einer Welt, in der es selbstverständlich war, dass der Stärkere herrschte. Und das war der Mann zur damaligen Zeit aufgrund seiner gesellschaftlichen Stellung. Die Frau dagegen war innerhalb der Gesellschaft die Schwächere und Schutzbedürftige. Das in Genesis 3,16 verwendete hebräische Wort משל (gesprochen: *maschal*) kann sowohl Tyrannei bezeichnen (z.B. Jeremia 51,46) als auch für die gerechte Herrschaft Gottes verwendet werden (z.B. Jesaja 63,19).

So wie ein Wort mehrere Sinndimensionen haben kann, so ist auch die Bibel ein vielstimmiges Konzert verschiedener Stimmen aus verschiedenen Zeiten. Deshalb umfassen solche Aussagen wie in Genesis 3,16 auch nicht eine einzige Wahrheit. Im Buch Maleachi wird die Ehefrau als Gefährtin wertgeschätzt und die Ehe wird als Bund bezeichnet, der Verpflichtungen für beide Bundespartner beinhaltet (siehe Maleachi 2,14). Im Hohelied findet sich gar eine Aussage, die direkt Genesis 3,16 widerspricht. Die Geliebte erkennt an, dass sie ihrem Geliebten „gehört", aber sie bestimmt das Verhältnis zwischen sich und ihrem Partner als egalitär: „Ich gehöre meinem Geliebten und ihn verlangt nach mir" (Hohelied 7,11). Das Verlangen, über das der Text hier spricht, wird im Hebräischen mit dem Wort תשוקה (gesprochen: *tschuka*) formuliert. Es findet sich im Alten Testament neben Genesis 4,7 nur in Genesis 3,16 und hier. Es handelt sich somit in Hohelied 7,11 um eine deutliche Anspielung auf die Strafaussage des Sündenfalls, der die Geliebte widerspricht. Sie formuliert sozusagen ein Gegenstück zu „Nach dem Mann hast du Verlangen [...]" (Genesis 3,16), indem sie vom männlichen Verlangen spricht: „[...] und ihn verlangt nach mir" (Hohelied 7,11). Ein Herrschaftsverhältnis wird nicht erwähnt, stattdessen fordert die Geliebte ihren Geliebten auf, in ihr gemeinsames Paradies zu gehen: „Komm, mein Geliebter, wandern wir auf das Feld, schlafen wir in den Dörfern! Früh wollen wir dann zu den Weinbergen gehen und sehen, ob der Weinstock treibt, ob die Rebenblüte sich öffnet, ob die Granatbäume blühen. Dort schenke ich dir meine Liebe" (Hohelied 7,12–13). Die Geliebte im Hohelied versteht ihre Liebe nicht als Besitz, über den der Geliebte verfügen kann, sondern als freiwilliges Geschenk innerhalb einer gleichberechtigten Beziehung.

Diese Perspektive wäre für Jesus Sirach sicherlich ein Graus. Liebe kann sich nicht in Tyrannei äußern. Auch innerhalb patriarchalischer Strukturen des Alten Testaments ist die Funktion des Mannes nicht die eines Aggressors in der Beziehung, sondern die des Beschützers der Frau in der Gesellschaft. In diesem Kontext erhebt das Hohelied seine Stimme für die Gleichberechtigung der Frau und gegen die Idee der Herrschaft des Mannes. Wer das Hohelied liest, versteht, dass Gewalt in der Beziehung zwischen Liebenden keinen Platz hat.

Die schweigende Frau als Objekt

Diese eine Stimme aus dem Hohelied übertönt nicht, dass es eine Vielzahl frauenfeindlicher und antifeministischer Aussagen in der Bibel gibt. „Eine Frau soll sich still und in voller Unterordnung belehren lassen. Dass eine Frau lehrt, erlaube ich nicht, auch nicht, dass sie über ihren Mann herrscht; sie soll sich still verhalten“ (1 Timotheus 2,11–12). Die eigene Stimme, die grundlegend für eine Gleichberechtigung ist, wird einer Frau verwehrt. Die unterwürfige und schweigende Frau scheint das Ideal darzustellen: „Wie es in allen Gemeinden der Heiligen üblich ist, sollen die Frauen in den Versammlungen schweigen; es ist ihnen nicht gestattet zu reden: Sie sollen sich unterordnen, wie auch das Gesetz sagt“ (1 Korinther 14,33b–34). Paulus führt zu seiner Rechtfertigung für das verlangte Schweigen „das Gesetz“ an. Ein solches Gesetz findet sich jedoch nicht im Alten Testament. Eine solche Aussage klingt auch nicht nach dem Paulus, der im Brief an die Galater verkündet, dass es in Christus keinen Unterschied zwischen Mann und Frau mehr gibt (siehe Galater 3,28). Doch bei ihm zeigen sich beide Seiten der Gleichberechtigung und der Ungleichberechtigung in all ihrer Widersprüchlichkeit. Einerseits soll eine Frau gemäß 1 Korinther 14,34 in der Versammlung schweigen, andererseits aber darf eine Frau gemäß 1 Korinther 11,5 beten und prophetisch sprechen.

Schon im Alten Testament lassen sich mit Leichtigkeit zahlreiche frauenfeindliche Passagen finden. Zum Beispiel darf ein Vater seine Tochter gemäß Exodus 21,7 als Sklavin verkaufen. Wenn eine Frau nicht verheiratet ist, untersteht sie ihrem Vater. Wenn sie heiratet, ist sie ihrem Ehemann untergeordnet. Das hebräische Wort für Ehemann lautet בעל (gesprochen: *baal*) und bedeutet „Besitzer, Eigentümer". Die Verobjektivierung der Frau als Besitz tritt gar in einer Erzählung im Alten Testament drastisch zutage.

Objekt bis zum Tod

In Richter 19 wird die Geschichte eines Israeliten aus dem Stamm Efraim erzählt, vor dem seine Nebenfrau zurück ins eigene Elternhaus geflohen war. Er holt seine Nebenfrau zurück. Ob er das aber gegen ihren Willen oder unter ihrem Einverständnis macht, erzählt die Geschichte nicht. Auf dem Rückweg von Betlehem, der Heimatstadt der Nebenfrau, entschließt sich ihr Mann bewusst, nicht in Jerusalem zu übernachten, wo zur damaligen Zeit noch das Volk der Jebusiter herrschte, sondern bis nach Gibea zu ziehen, wo die Benjaminiter, ein Stamm Israels, wohnte. In Gibea wird ihnen von einem alten Mann Gastfreundschaft gewährt. „Während sie ihr Herz froh sein ließen, siehe, da umringten die Männer aus der Stadt, übles Gesindel, das Haus, schlugen an die Tür und sagten zu dem alten Mann, dem Besitzer des Hauses: Bring den Mann heraus, der in dein Haus gekommen ist, damit wir ihn erkennen!" (Richter 19,22). Die eigenen Volkgenossen versammeln sich also, um den Mann zu vergewaltigen, denn „jemanden erkennen", bedeutet in der Sprache des Alten Testaments nichts anderes als Geschlechtsverkehr zu haben. „Der Besitzer des Hauses ging zu ihnen hinaus und sagte zu ihnen: Nein, meine Brüder, so etwas Schlimmes dürft ihr nicht tun. Dieser Mann ist als Gast in mein Haus gekommen; darum dürft ihr keine solche Schandtat begehen" (Richter 19,23).

In Genesis 19 wird eine ähnliche Geschichte erzählt. Lot gewährt zwei Engeln in Sodom Gastfreundschaft. Auch sie wurden von den Bewohnern des Ortes bedrängt. In beiden Fällen, im Buch Genesis und im Buch Richter, werden Frauen als Ersatz für die Unversehrtheit des männlichen Gastes angeboten. Lot spricht zu dem wütenden Mob vor seiner Tür: „Meine Brüder, tut doch nicht das Böse! Seht doch, ich habe zwei Töchter, die noch nicht mit einem Mann verkehrt haben. Ich will sie zu euch herausbringen. Dann tut mit ihnen, was euch gefällt. Nur diesen Männern tut nichts; denn deshalb sind sie ja unter den Schutz meines Daches getreten" (Genesis 19,7–8). Und im Buch der Richter sagt der Gastgeber zu dem lustgierenden Gesindel vor seiner Tür: „Siehe, da sind meine jungfräuliche Tochter und seine Nebenfrau. Sie will ich zu euch hinausbringen; vergewaltigt sie und macht mit ihnen, wie es gut ist in euren Augen. Aber an diesem Mann dürft ihr keine solche Schandtat begehen" (Richter 19,24). Aus der Perspektive der Gastgeber ist die Vergewaltigung eines Mannes eine größere Schandtat als die Vergewaltigung einer Frau, ja, das Leben eines Mannes zählt mehr als das Leben einer Frau.

Am Ende der Geschichte im Buch Genesis geschieht göttliche Gerechtigkeit: Die Engel retten Lot und seine Töchter und schlagen den Mob mit Blindheit. Im Buch der Richter obsiegt männliche Ungerechtigkeit. „Doch die Männer wollten nicht auf ihn hören. Da ergriff der Levit seine Nebenfrau und brachte sie zu ihnen auf die Straße hinaus. Sie erkannten sie und trieben die ganze Nacht hindurch bis zum Morgen ihren Mutwillen mit ihr. Sie schickten sie erst fort, als die Morgenröte heraufzog" (Richter 19,25).

Auch Abraham gab seine Frau einem Fremden, um sein eigenes Leben zu schützen: Als er mit Sarai nach Ägypten ging, gab er sie als seine Schwester aus, damit sie ihn um ihretwillen nicht umbringen. Im Gegensatz zum Verhalten des Mannes gegenüber seiner Nebenfrau redet er mit ihr, erklärt sich: „Als er sich Ägypten näherte, sagte er zu seiner Frau Sarai: Ich weiß, du bist eine Frau von großer Schönheit. Wenn dich die Ägypter sehen, werden sie sagen: Das ist seine Frau! Und sie werden mich töten, dich aber am Leben lassen. Sag doch, du seist meine Schwester, damit es mir deinetwegen gut geht und ich um deinetwillen am Leben bleibe" (Genesis 12,11–13). Gott heißt Abrahams Verhalten nicht gut, aber er beschützt im Folgenden Abraham und Sarai, während er den Pharao bestraft.

Der Mann im Buch Richter hingegen gibt seine Nebenfrau wortlos als Opfer dahin. Erst als sie tot ist, spricht er zu ihr: „Als der Morgen anbrach, kam die Frau zurück; vor der Haustür des Mannes, bei dem ihr Herr wohnte, brach sie zusammen und blieb dort liegen, bis es hell wurde. Ihr Herr stand am Morgen auf, öffnete die Haustür und ging hinaus, um seine Reise fortzusetzen. Und siehe, die Frau, seine Nebenfrau, lag am Eingang des Hauses, die Hände auf der Schwelle. Er sagte zu ihr: Steh auf, wir wollen gehen! Doch niemand antwortete. Da lud er sie auf den Esel, machte sich auf und ging an seinen Ort" (Richter 19,26–28). Die Frau hatte sich mit letzter Kraft zur Türschwelle geschleppt. Mit der Hand an der Türschwelle, dem Ort, der eigentlich Sicherheit verspricht, bricht sie zusammen. Der Text sagt nicht, ob sie bereits tot ist, als der Mann am Morgen sozusagen auf dem Weg nach draußen über sie stolpert. Er beabsichtigt, seine Reise fortzusetzen. Der Erzähler suggeriert sogar, dass der Mann, ohne seine Nebenfrau nach Hause zurückzukehren beabsichtigt. Nun soll das Opfer in seine angestammte Rolle zurückkehren, so tun, als wäre nichts gewesen – einfach aufstehen und weitergehen. Es ist nichts passiert, dem Mann geht es gut. Und der Leser und die Leserin erfahren nicht, ob die Frau noch lebt oder tot ist. Der Erzähler berichtet nur ganz trocken, dass sie dem Mann nicht antwortete und dieser sie daher einfach auf seinen Esel lud und sich auf den Heimweg machte. Am Ende der Geschichte ist die Frau tot. Ob sie durch die Vergewaltigung gestorben ist oder ob gar ihr Ehemann sie umbringt (siehe Richter 20,4), bleibt unklar: „Als er nach Hause gekommen war, nahm er das Messer, ergriff seine Nebenfrau, zerschnitt sie in zwölf Stücke, Glied für Glied, und schickte sie in das ganze Gebiet Israels" (Richter 19,29).

Selbst nach ihrem Tod wird der geschundenen Frau nicht die Grabesruhe gewährt, sondern ihr Körper wird zur Kriegserklärung. Die restlichen Stämme Israels ziehen daraufhin in den Krieg gegen Benjamin, den Stamm, zu dem Gibea gehört und aus dem das vergewaltigende Gesindel stammte. Die Verlierer des Krieges sind am Ende aber wieder andere Frauen. Der Stamm der Benjaminiter, also auch seine Frauen und Kinder, wurden fast vollständig ausgerottet. Nur 600 Männer blieben am Leben – und damit diese Männer den Fortbestand des Stammes Benjamin sichern konnten, beschließt Israel, die Einwohner von Jabesch-Gilead umzubringen, außer 400 jungfräulichen Mädchen, die in den Besitz der Benjaminiter übergeben werden (siehe Richter 21,10–14). Und noch weitere Frauen sollten sich die Benjaminiter von den Töchtern Schilos rauben (siehe Richter 21,15–23).

Wenn Gott nicht rettend eingreift, wenn seine Engel den lustgierenden Mob nicht mit Blindheit schlagen, wenn er die Frau, die als bloßer Besitz behandelt wird, nicht befreit, dann sind die Männer zum Schlimmsten fähig. Das Buch Richter zeigt Abgründe einer möglichen männlichen Perspektive auf. Aber das Leben eines Mannes ist nicht mehr wert als das Leben einer Frau. Eine Frau ist nicht der verfügbare Besitz eines Mannes. Frauen sind kein Objekt, das einfach zur Fortpflanzung und Befriedigung sexueller Lust dient. In Richter 19 wartet man vergeblich auf die göttliche Rettung. Die männliche Perspektive von damals zeigt ihr erschreckendes Antlitz. Weder mit dem Gesindel vor der Tür noch dem Gastgeber oder dem Mann möchte man sich identifizieren. Man will aufschreien und die Stimme für die stimmlose Frau erheben. Man kann die Aussage des Bibeltextes hart kritisieren und aus heutiger Perspektive verurteilen. Wo war Gott in dieser Geschichte? Wo waren die Männer, die auch in der Frau das Ebenbild Gottes gesehen haben? Was uns jetzt vor allem interessiert: Was hat sich heute im Gegenteil zur damaligen Perspektive geändert?

Sexobjekt mit Stimme

Eine bemerkenswerte und wichtige Neuerung im deutschen Sexualstrafrecht ist das Prinzip: „Nein heißt nein". Seit 2016 gilt eine sexuelle Handlung bereits dann als Vergewaltigung, wenn das Opfer zuvor durch Worte oder Gesten verdeutlicht hat, dass sie oder er mit der sexuellen Handlung nicht einverstanden ist. Jede sexuelle Handlung bedarf der Zustimmung aller beteiligten Personen.

Das Alte Testament erzählt von einer Vielzahl von Frauen, die vergewaltigt wurden. Zum Beispiel steht im Buch Genesis die Geschichte Dinas, der Tochter Jakobs, die von Sichem, einem Nicht-Israeliten, vergewaltigt wird: „Dina, die Tochter, die Lea Jakob geboren hatte, ging aus, um sich unter den Töchtern des Landes umzusehen. Sichem, der Sohn des Hiwiters Hamor, des Landesfürsten, erblickte sie; er ergriff sie, legte sich zu ihr und vergewaltigte sie" (Genesis 34,1–2). Das hebräische Wort ענה (gesprochen: *inna*), das hier mit „vergewaltigen" übersetzt ist, hat ein weites Bedeutungsspektrum: Die Grundbedeutung lautet „jemanden schlecht behandeln" im Sinne von „unterdrücken" oder „erniedrigen". Der eigentliche sexuelle Akt, der Beischlaf, wird hier mit dem hebräischen Wort שכב (gesprochen: *schachav*) ausgedrückt, das im euphemistischen Sinne das Beieinanderliegen meint.

An allen Stellen im Alten Testament, wo man ענה mit „vergewaltigen" übersetzen kann, geht es nicht um die rohe Gewaltanwendung, sondern um die öffentlich-rechtliche Ehrverletzung. Dies zeigt sich am deutlichsten in der Geschichte Tamars. Tamar wird von ihrem Halbbruder Amnon vergewaltigt. „Als sie aber die Kuchen zum Essen reichte, griff er nach ihr und sagte zu ihr: Komm, leg dich zu mir, Schwester! Sie antwortete ihm: Nein, mein Bruder, entehre mich nicht! So etwas tut man in Israel nicht. Begeh keine solche Schandtat! Wohin sollte ich denn in meiner Schande gehen? Du würdest als einer der niederträchtigsten Menschen in Israel dastehen. Rede doch mit dem König, er wird mich dir nicht verweigern. Doch Amnon wollte nicht auf sie hören, sondern tat ihr Gewalt an und demütigte sie und schlief mit ihr" (2 Samuel 13,11–14). Amnons Aufforderung zum Geschlechtsverkehr stellt Tamar ein deutliches Nein entgegen. Seine Absicht ist klar.

Der Erzähler berichtet kurz zuvor, dass Amnon Tamar fest ergriff, bevor er seine Aufforderung ausspricht. Das hebräische Verb חזק (gesprochen: *chasak*) wird vom Erzähler verwendet, um das Ergreifen Tamars vor der Frage auszudrücken und er verwendet es wieder, um Amnons Reaktion auf Tamars Antwort zu beschreiben: Er überwältigt sie. Amnon setzt seinen Willen mit Gewalt durch. Darauffolgend berichtet der Erzähler die eigentliche Vergewaltigung, die im hebräischen Text, wie in der Erzählung über die Vergewaltigung Dinas mit den zwei Verben ענה und שכב beschrieben wird: „Er demütigte sie und schlief mit ihr." Im Fokus der Erzählung steht die Vergewaltigung als öffentlich-rechtliche Ehrverletzung, wie es in den Worten Tamars deutlich wird. Sie bezeichnet Amnons Absicht als eine Schandtat, die sie als Frau in Schande bringt. Sie verweigert nicht jeglichen Beischlaf mit Amnon, sondern fordert ihn auf, zuvor bei ihrem Vater, König David, um Erlaubnis zu bitten, d.h. sie zu heiraten. Im alttestamentlichen Verständnis „gehört" die Sexualität einer Frau entweder ihrem Vater, solange sie noch nicht verheiratet ist, oder ihrem Ehemann, nachdem die Ehe geschlossen wurde. Vorehelicher Geschlechtsverkehr gilt als eine Schande (siehe Deuteronomium 22,13–21).

Im Buch Deuteronomium gibt es drei Gesetze, die sich mit dem Tatbestand Vergewaltigung beschäftigen. Während es in der modernen Rechtsprechung entscheidend ist, ob das Opfer der sexuellen Handlung zugestimmt hat oder nicht, spielt dies im alttestamentlichen Recht eine untergeordnete Rolle. „Wenn ein unberührtes Mädchen mit einem Mann verlobt ist und ein anderer Mann ihr in der Stadt begegnet und sich mit ihr hinlegt, dann sollt ihr beide zum Tor dieser Stadt führen. Ihr sollt sie steinigen und sie sollen sterben, das Mädchen, weil es in der Stadt nicht um Hilfe geschrien hat, und der Mann, weil er sich die Frau eines andern gefügig gemacht hat. Du sollst das Böse aus deiner Mitte wegschaffen" (Deuteronomium 22,23–24). Der erste exemplarische Fall, der im Buch Deuteronomium behandelt wird, ist der Geschlechtsverkehr zwischen einem verlobten und jungfräulichen Mädchen und einem Mann, der nicht ihr Verlobter ist. Die Verlobung stellt einen Rechtsakt da, der den Übergang einer Frau vom Herrschaftsbereich des Vaters in den Herrschaftsbereich des Ehemanns regelt. Ebenso wie im Falle des Ehebruchs mit einer verheirateten Frau steht auch auf den Bruch der Verlobung die Todesstrafe (siehe Deuteronomium 22,22). Aus der Gesetzesperspektive ist es dabei unwichtig, ob es sich um einvernehmlichen Geschlechtsverkehr handelt oder um eine Vergewaltigung. Der Geschlechtsverkehr wird als Eigentumsdelikt angesehen und mit dem Tod beider durch Steinigung bestraft. Der Vergewaltiger wird zu Tode verurteilt, nicht weil er gegen den Willen der Frau gehandelt hat, sondern weil er sich an einer Frau vergangen hat, die einem anderen Mann gehört. Hier wird ebenso wie in den Erzählungen über Dina und Tamar das hebräische Wort ענה verwendet. Aber nicht allein die Erniedrigung bzw. Entehrung der Frau spielt hier eine Rolle, die Betonung liegt darauf, dass es sich um die Frau eines anderen Mannes handelt.

Von besonderer Bedeutung zur Beurteilung der Rolle der Frau ist, dass dieses Gesetz nur Geschlechtsverkehr behandelt, der innerhalb einer Stadt geschieht. Das Todesurteil der Frau wird nämlich damit begründet, dass sie nicht um Hilfe geschrien hat. Dass niemand einen Hilferuf von ihr gehört hat, wird als ihre Zustimmung zum Beischlaf ausgelegt. Gemäß dem Gesetz reicht es also nicht, dass das Opfer um Hilfe schreit, sondern der Hilfeschrei muss auch erhört werden, ansonsten ist sie kein Opfer.

Anders wird geurteilt, wenn es zum Geschlechtsverkehr zwischen einem verlobten, jungfräulichen Mädchen und einem Mann auf dem Feld kommt. „Wenn der Mann dem verlobten Mädchen aber auf freiem Feld begegnet, sie festhält und sich mit ihr hinlegt, dann soll nur der Mann sterben, der bei ihr gelegen hat, dem Mädchen aber sollst du nichts tun. Bei dem Mädchen handelt es sich nicht um ein Verbrechen, auf das der Tod steht; denn dieser Fall ist so zu beurteilen, wie wenn ein Mann einen andern überfällt und ihn tötet. Auf freiem Feld ist er ihr begegnet, das verlobte Mädchen mag um Hilfe geschrien haben, aber es ist kein Helfer dagewesen“ (Deuteronomium 22,25–27). Bereits der Anfang des Gesetzes verdeutlicht, dass es eine Vergewaltigung behandelt. Mit dem hebräischen Wort חזק, das mit „festhalten“ übersetzt wird, wird die Gewaltanwendung zur Beurteilung des Rechtsfalls angeführt. In diesem Fall wird nur der Mann zum Tode verurteilt. Das Mädchen wird aber nicht freigesprochen, weil ihr Gewalt angetan wurde, sondern weil man nicht beurteilen kann, ob sie um Hilfe geschrien hat oder nicht. Es lässt sich nicht feststellen, ob sie einvernehmlichen Geschlechtsverkehr hatten oder nicht.

Das dritte Gesetz behandelt den Geschlechtsverkehr eines Mannes mit einem noch nicht verlobten Mädchen. Hier wird deutlich, dass die Sexualität eines Mädchens und einer Frau männlicher Besitz ist und der Wille des Opfers eine untergeordnete oder – wie in diesem Falle – überhaupt keine Rolle spielt: „Wenn ein Mann einem unberührten Mädchen, das noch nicht verlobt ist, begegnet, sie packt und sich mit ihr hinlegt und sie ertappt werden, soll der Mann, der bei ihr gelegen hat, dem Vater des Mädchens fünfzig Silberschekel zahlen und sie soll seine Frau werden, weil er sie sich gefügig gemacht hat. Er darf sie niemals entlassen" (Deuteronomium 22,28–29). Für diesen Fall ist es eine Grundbedingung, dass der Mann bei der Vergewaltigung ertappt wird. Das bedeutet zugleich: Wo es keine Zeugen gibt, da gibt es auch keine Tat. Wenn es jedoch Zeugen gibt, spielt das Leid des Mädchens keine Rolle. Im Mittelpunkt steht der finanzielle Verlust ihres Vaters. In Exodus 22,15–16 findet sich ein ähnlicher Fall, aus dem man schließen kann, dass die 50 Silberschekel, die der Täter an den Vater des Opfers zu zahlen hat, als Brautgeld zu verstehen sind. Das Mädchen hat durch die Vergewaltigung jede Möglichkeit zur Heirat verloren und wird daher mit ihrem Täter zwangsverheiratet. Dies geschieht aus Gesetzesperspektive zum Schutz des Mädchens. Das Gesetz legt nämlich fest, dass sich der Täter niemals von ihr scheiden lassen darf und somit ein Leben lang für sie sorgen muss. Im Kehrschluss bedeutet dies aber, dass das Opfer dauerhaft unter der Autorität des Täters zu leben hat.

Wenn man auf Grundlage der alttestamentlichen Gesetze auf die erzählte Vergewaltigung Tamars blickt, dann wird deutlich, dass ihre Erniedrigung nicht nur rein sexueller Natur war, sondern mehrdimensional. Nach der Vergewaltigung erteilt ihr Abschalom einen kaltherzigen Rat, der die Gewalttat zur Lappalie erklärt: „Ihr Bruder Abschalom fragte sie: War dein Bruder Amnon mit dir zusammen? Sprich nicht darüber, meine Schwester, er ist ja dein Bruder. Nimm dir die Sache nicht so zu Herzen! Von da an lebte Tamar einsam im Haus ihres Bruders Abschalom“ (2 Samuel 13,20). Der Nachsatz des Erzählers zeigt deutlich an, welche rechtliche Auswirkung die Vergewaltigung auf Tamar hatte. Sie lebte fortan nicht mehr im Haus ihres Vaters, sondern suchte im Haus ihres Bruders Schutz, wo sie in Einsamkeit lebte. Mit Einsamkeit mag hier auch die Zurückgezogenheit aufgrund des Traumas gemeint sein. Rechtlich beschreibt dies die Unwahrscheinlichkeit, heiraten zu können. Sie ist als Vergewaltigungsopfer ausgegrenzt und ihr widerfährt kein Recht. Selbst ihr Vater, David, der als König der höchste Richter war, handelt nicht. Der Erzähler berichtet zwar: „Abschalom aber redete nicht mehr mit Amnon, weder im Guten noch im Bösen; er hasste Amnon, weil dieser seine Schwester Tamar vergewaltigt hatte“ (2 Samuel 13,22). Aber seine Reaktion zieht keine Konsequenzen nach sich, ist nicht mehr als folgenloser Zorn, ein verhallender Aufschrei ohne Bedeutung – so wie das deutlich ausgesprochene „Nein" Tamars in der Erzählung. Im Alten Testament galt eben noch nicht das Prinzip „Nein heißt Nein".

Stimmrecht

Teile des alttestamentlichen Gesetzes sind ohne Zweifel frauenfeindlich – was Gott selbst in einem Fall eingesteht. Nachdem die sündige Wüstengeneration gestorben ist, lässt Gott das Volk zählen und bereitet so die Landverteilung nach der Landnahme vor und entscheidet: „An diese Männer soll das Land als Erbbesitz verteilt werden, entsprechend der Zahl der Namen" (Numeri 26,53). Gegen diese Entscheidung protestieren fünf Frauen: Machla, Noa, Hogla, Milka und Tirza – die Töchter des verstorbenen Zelofhads. Ihr Vater war gestorben, ohne einen Sohn zu hinterlassen. In der patriarchal strukturierten Gesellschaft bedeutet dies für diese fünf Frauen, dass sie weder Versorger noch Fürsprecher mehr haben. Ihr Schicksal liegt in ihrer Hand und sie schweigen nicht: „Die Töchter Zelofhads, des Sohnes Hefers, des Sohnes Gileads, des Sohnes Machirs, des Sohnes Manasses, aus den Sippen Manasses, des Sohnes Josefs, traten heran [...] Sie stellten sich vor Mose und vor den Priester Eleasar und vor die Anführer und die ganze Gemeinde an den Eingang des Offenbarungszeltes und sagten [...]" (Numeri 27,1–2). Sie lassen sich nicht durch jemanden repräsentieren. Sie konfrontieren nicht nur die Verantwortlichen mit ihrem Anliegen, sondern erheben ihre Stimme in Gegenwart des gesamten Volkes. Als

Ort hierfür ist nicht einfach irgendein Ort gewählt, sondern das Offenbarungszelt: das Zentrum des Volkes, dort wo Gott mitten in seinem Volk anwesend ist. Nur Mose und Aaron war es gestattet, in dieses Zelt zu gehen, und die fünf Töchter stellen sich direkt an den Eingang, um sich mit ihrem Anliegen vor dem Volk und vor Gott Gehör zu verschaffen: „Unser Vater ist in der Wüste gestorben. Er war aber nicht inmitten der Gemeinde, die sich in Korachs Gefolge gegen den HERRN zusammengerottet hatte, sondern er ist wegen seiner eigenen Sünde gestorben. Aber er hinterließ keine Söhne. Warum soll nun der Name unseres Vaters aus der Mitte seiner Sippe verschwinden, weil er keinen Sohn hatte? Gib uns Grundbesitz bei den Brüdern unseres Vaters!“ (Numeri 27,3–4).

Der Vater ist tot und sie stehen nun mittellos da, weil sie Frauen sind. Das Gesetz bestraft sie und mindert damit auch das Andenken an ihren Vater. Die Töchter stellen klar, dass sich ihr Vater nicht mit Korach gegen Mose und Aaron zusammengerottet hatte (siehe Numeri 16). Er ist so wie die gesamte Generation, die aus Ägypten ausgezogen war, wegen dem Unglauben eines natürlichen Todes in der Wüste gestorben. Während die Söhne der als sündig bezeichneten Exodus-Generation aber ihren Anteil am verheißenen Land erhalten werden, gilt dies für die Töchter nicht. Diese Ungerechtigkeit klagen sie an – und Gott spricht ihnen das Recht zu: „Da übergab Mose ihre Rechtssache dem HERRN und der HERR sprach zu Mose: Die Töchter Zelofhads haben recht geredet. Du musst ihnen vererbbaren Grundbesitz bei den Brüdern ihres Vaters geben, also den Erbbesitz ihres Vaters auf sie übertragen" (Numeri 27,5–7). Der Gott der Gerechtigkeit sieht die Ungerechtigkeit seiner Gesetzgebung ein.

Die fünf Frauen haben recht und er revidiert seinen Willen. Sie haben gegen Gott eine Gesetzesänderung erwirkt und Gott erlässt ein neues, gerechtes Gesetz (Numeri 27,8–11). Sie haben als Töchter ihre Stimme erhoben und darin ihrem ganzen Volk gedient. In ihrer Liebe zu ihrem Vater haben sie den Konflikt gesucht und selbst Gott überzeugt. So entsteht aus einer ungerechten Situation eine gerechte Zukunft – und Mose wird zum Vorbild der herrschenden Männer, die ihr Ohr für die Anliegen der benachteiligten Frauen öffnen. Hätten die Frauen die Ungerechtigkeit nicht wahrgenommen, hätte Mose ihr Anliegen nicht vor Gott gebracht und wäre Gott ignorant gewesen, dann wäre das Recht ungerecht geblieben. Ohne die Autorität Gottes hätte sich die Situation nicht geändert. Zugleich wird er als Grund für die Ungerechtigkeit angeführt. Gerechtigkeit kann sich nicht selbst etablieren, sondern beruht auf dem dialektischen Wechselspiel von Autorität und Autoritätskritik. Es gehört zum Modus der Ungleichbehandlung von Frauen, dass Kritik nur hilft, wenn sie auf belehrbare Ohren stößt – das gilt in Beziehungen, in der Gesellschaft und auch in der Kirche.

Familie: biblisch-kompliziert

Vom geglaubten Ideal zur Realität

„Die Familie ist es, die unsren Zeiten nottut." Diesen Satz schrieb Adalbert Stifter bereits 1857 in seinem Roman „Der Nachsommer". Der Wichtigkeit von Familie, die aus diesem Zitat herauszulesen ist, stimmt ein Großteil der Menschen heute zu. In einer Studie aus dem Jahr 2014 hielten es 78,4 Prozent der deutschen Bevölkerung für wichtig und erstrebenswert, für die Familie da zu sein und sich für die Familie einzusetzen; 88% der Bevölkerung sahen die Familie als wichtigsten Garanten für Stabilität und Sicherheit im Leben.

Aber die Definition dessen, was eine Familie ist, fällt zunehmend schwer. Im Katechismus der Katholischen Kirche heißt es: „Ein Mann und eine Frau, die miteinander verheiratet sind, bilden mit ihren Kindern eine Familie" (KKK 2202). Aber das klassische Familienkonzept „Mann + Frau + Kinder = Familie" ist auf dem Rückzug und reiht sich neben anderen Konzepten wie Ein-Eltern-, Patchwork-, Regenbogen- oder Großfamilie ein.

Das christliche Ideal sieht sich zunehmend mit der Wirklichkeit konfrontiert. Die biblische Wirklichkeit stellt da keine Ausnahme dar – auch sie steht im Kontrast zum Ideal. Jesus entstammt einer Patchwork-Familie und als seine Mutter und seine Brüder eines Tages vor der Tür stehen, fragt er: „Wer ist meine Mutter und wer sind meine Brüder?“ (Markus 3,33). Auf diese Frage gibt er auch direkt selbst eine Antwort, die den Familienbegriff ganz neu, also christlich, definiert: „Und er blickte auf die Menschen, die im Kreis um ihn herumsaßen, und sagte: Das hier sind meine Mutter und meine Brüder. Wer den Willen Gottes tut, der ist für mich Bruder und Schwester und Mutter“ (Markus 3,34–35). Im Jesus der Evangelien zeigt sich ein Bild der Wirklichkeit: Familie ist kompliziert. Für die heutige Komplexität dessen, was als Familie verstanden wird, bietet das Alte Testament eine Vielzahl von Vorbildern.

Familienvielfalt

Um eine Familie zu gründen, verlässt ein Mann seine Eltern – so sagt es jedenfalls Adam im Angesicht von Eva in der Schöpfungsgeschichte: „Und der Mensch sprach: Das endlich ist Bein von meinem Bein und Fleisch von meinem Fleisch. Frau soll sie genannt werden; denn vom Mann ist sie genommen. Darum verlässt der Mann Vater und Mutter und hängt seiner Frau an und sie werden ein Fleisch“ (Genesis 2,23–24). Man könnte nun den deutschen Text so auslegen, als ob das Verb „sich an jemanden hängen“ auf die Institution Ehe hinweise. Der Blick in die Konkordanz führt jedoch zum Beispiel in das Buch Rut. Dort wird das zugrundeliegende hebräische Verb דבק (gesprochen: *davak*) für das Verhältnis von Rut zu ihrer Schwiegermutter verwendet (Rut 1,14): Während nach dem Tod der Söhne Noomis die eine Schwiegertochter, Orpa, ihre Schwiegermutter verließ und zu ihrer Familie zurückkehrt, bleibt Rut als verwitwete Schwiegertochter bei Noomi. Sie „hing an ihr / blieb bei ihr" – das ist die Bedeutung des hebräischen Verbs. Rut kehrt mit ihrer Schwiegermutter Noomi aus Moab zurück nach Israel. Die Geschichte Ruts verdeutlicht, dass Familie dort ist, wo Menschen dauerhaft und generationenübergreifend füreinander einstehen und Verantwortung übernehmen (siehe Rut 1,16). In Israel trifft Rut auf Boas, einen fernen Verwandten ihres verstorbenen Ehemanns. Am Ende der Geschichte heiraten sie, Rut wird schwanger und sie haben einen Sohn, der nun als Sohn Noomis angesehen wird: „Noomi nahm das Kind, drückte es an ihre Brust und wurde seine Pflegemutter. Die Nachbarinnen rühmten ihn und sagten: Der Noomi ist ein Sohn geboren" (Rut 4,16–17). Noomi wird im hebräischen Text als אמנת (gesprochen: *omenet*) bezeichnet. Mit der maskulinen Form des hebräischen Wortes wird Mordechai im Buch Ester als Pflegevater bzw. Adoptivvater bezeichnet: „Mordechai war der Vormund [Pflegevater, אמן – gesprochen: *omen*] von Hadassa, der Tochter seines Onkels, die auch Ester hieß. Sie hatte keinen Vater und keine Mutter mehr" (Ester 2,7). Rut ist zwar nicht tot und auch Boas lebt, aber das Kind gilt als Sohn Noomis, wie es auch die Worte der Nachbarinnen verdeutlichen: „Der

Noomi ist ein Sohn geboren" (Rut 4,17). Normalerweise wird diese Formel, Person X ist ein Sohn geboren, verwendet, um dem Vater Mitteilung zu geben. Oder die Formel wird verwendet, um öffentlich zu machen, dass jemand der Vater eines neugeborenen Sohnes ist (siehe Jeremia 20,15) – es scheint fast so, als wolle der Text verdeutlichen, dass Noomi eine Vaterrolle übernimmt. Der Text verdeutlicht außerdem, dass Rut das Kind für Noomi gebiert. An der Geschichte Ruts kann man sehen, wie kompliziert Familienbeziehungen bereits in der Bibel sein können: Der Sohn Noomis hat somit zwei Mütter und einen Vater oder eine Mutter sowie einen leiblichen Vater und eine Großmutter in der Rolle eines Vaters.

Dass ein Kind zwei Mütter hat, ist im Alten Testament nichts Außergewöhnliches. Die Unfruchtbarkeit Rahels führt dazu, dass sie Jakob ihre Magd Bilha als eine Art Leihmutter gibt: „Da ist meine Magd Bilha. Geh zu ihr! Sie soll auf meinen Knien gebären, dann komme auch ich durch sie zu Kindern" (Genesis 30,3). Bilha ist die leibliche Mutter des Kindes, aber im familiären Kontext wird der Sohn, den sie gebar, zum Sohn Rahels: „Bilha wurde schwanger und gebar Jakob einen Sohn. Rahel sagte: Gott hat mir Recht verschafft; er hat auch meine Stimme gehört und mir einen Sohn geschenkt [...]" (Genesis 30,5–6).

Auch dass ein Kind zwei Väter hat, ist im Alten Testament möglich. Wenn ein verheirateter Mann stirbt, ohne einen Sohn zu hinterlassen, gibt es nach dem alttestamentlichen Gesetz die Möglichkeit der Schwagerehe: „Wenn zwei Brüder zusammenwohnen und der eine von ihnen stirbt und keinen Sohn hat, soll die Frau des Verstorbenen nicht die Frau eines fremden Mannes außerhalb der Familie werden. Ihr Schwager soll sich ihrer annehmen, sie heiraten und die Schwagerehe mit ihr vollziehen. Der erste Sohn, den sie gebiert, soll den Namen des verstorbenen Bruders weiterführen. So soll dessen Name in Israel nicht erlöschen" (Deuteronomium 25,5–6). Die Frau kann so mit dem Bruder ihres verstorbenen Ehemannes einen Sohn zeugen, der als Nachfahre des verstorbenen Mannes gilt. Rechtlich gilt der Sohn als Nachfahre des Verstorbenen und zugleich ist sein leiblicher Vater sein Onkel. Die bekannteste Geschichte, in der dieses Gesetz zur Anwendung kommt, ist die Erzählung über Tamar. Ihr Ehemann stirbt und sein Bruder Onan verweigert die „Samenspende", obwohl sie ihm sein Vater Juda befohlen hatte: „Da sagte Juda zu Onan: Geh zur Frau deines Bruders, vollzieh mit ihr die Schwagerehe und verschaff deinem Bruder Nachkommen! Onan aber wusste, dass die Nachkommen nicht ihm gehören würden. Sooft er zur Frau seines Bruders ging, ließ er den Samen zur Erde fallen und verderben, um seinem Bruder Nachkommen vorzuenthalten" (Genesis 38,8–9). Gott bestraft das Verhalten Onans, indem er ihn sterben lässt. Daraufhin verweigert Juda Tamar die Schwagerehe mit einem weiteren Sohn von ihm. Am Ende der Geschichte begeht sie deshalb Samenraub an ihrem Schwiegervater Juda und der leibliche Vater der später geborenen Zwillinge ist somit zugleich ihr rechtlicher Großvater. Für das heutige Moralverständnis eine Unvorstellbarkeit, aber Juda muss eingestehen, dass alles rechtens zuging: „Juda sah genau hin und gab zu: Sie ist mir gegenüber im Recht, weil ich sie meinem Sohn Schela nicht zur Frau gegeben habe. Danach verkehrte er mit ihr nicht mehr" (Genesis 38,26).

Die Bibel beschreibt in diesen Geschichten sehr deutlich, wie komplex die Realität in Familien manchmal aussehen kann. Da verwundert es den Leser und die Leserin auch nicht mehr, wenn man feststellen muss, dass die großen Helden der Erzählungen Polygamisten waren: Abraham hatte neben Sara noch eine zweite Frau namens Keturah (Genesis 25,1) sowie Hagar, die Magd, als Nebenfrau (Genesis 16,1–2) – und auch von König David wird berichtet, dass er mehrere Frauen hatte (siehe zum Beispiel 2 Samuel 3,2–5). In den biblischen Erzählungen über Abraham, Tamar, Rut und David wird deutlich, dass auch die biblische Wirklichkeit oft nicht dem Ideal der scheinbar klassisch-traditionellen Familienkonstellation entspricht. Ihre Geschichten stellen keine gescheiterten oder defizitären Familien dar, sondern sie sind Teil der damaligen Lebenswirklichkeit, die sich in der Heilsgeschichte widerspiegelt.

Wenn man den Stammbaum Jesu im Matthäusevangelium liest, fällt einem sofort auf, dass in einer langen Reihe von Männernamen auch vier Frauen genannt werden. Neben Rahab und Maria werden auch Tamar und Rut in der Familiengeschichte Jesu genannt. Ihre Geschichten gehören zum Anweg zur Heiligen Familie, die aus Maria, dem Heiligen Geist, Josef als Adoptivvater und Jesus besteht. Josef wird auch gedacht haben, dass das Thema Familie kompliziert ist, als der Engel zu ihm sprach: „Josef, Sohn

Davids, fürchte dich nicht, Maria als deine Frau zu dir zu nehmen; denn das Kind, das sie erwartet, ist vom Heiligen Geist" (Matthäus 1,20).

Allein?!

Der Blick auf diese biblische Realität kann den Blick auf die Gegenwart schärfen und dabei helfen, von einem abstrakten Konzept hin zu einer Wertschätzung der gelebten Realität zu gelangen. Zur heutigen Realität gehört es, dass jede fünfte Familie in Deutschland eine Ein-Eltern-Familie ist. Mittlerweile wachsen 2,2 Millionen Kinder bei alleinerziehenden Eltern auf. In vier von fünf Fällen liegt dieser Lebensform keine freie und bewusste Entscheidung zu Grunde, meistens liegt die Ursache in der Trennung der Eltern. Wie die Studie „Alleinerziehende unter Druck" aus dem Jahr 2016 verdeutlicht, würdigt die Gesellschaft aber die Fürsorge-, Erziehungs- und Bildungsarbeit besonders alleinerziehender Mütter nicht – und 90% der Alleinerziehenden sind Frauen. Die Studie zeigt auf, dass es aufgrund der nachteiligen Rechtslage im Unterhalts-, Steuer-, Beitrags- und Sozialrecht sowie aufgrund fehlender Chancen am Arbeitsmarkt und einer mangelhaften Vermittlung in Weiterbildung und qualifizierter Beschäftigung den Ein-Eltern-Familien zunehmend schwerfällt, sich und ihre Kinder von ihren Einkommen zu versorgen. Das Fazit der Studie ist ernüchternd: „Finanzielle Engpässe oder sogar Armut, aber auch zu wenig Zeit für Familie und psychische Probleme sowie Stress, bergen Risiken für das Aufwachsen von

Kindern dieser Ein-Eltern-Familien. Hier sind dringend wirksame Reformen notwendig, die die Situation von Müttern und Vätern und somit auch die Entwicklungs- und Bildungschancen von Kindern verbessern."[3]

Alleinerziehenden Eltern begegnet ein Großteil der Gesellschaft mit dem apathischen Vorwurf „Selbst schuld!" und ihre Leistung wird nicht anerkannt. Ein Steuerbeispiel verdeutlicht auf drastische Weise, die ungerechte Behandlung: „Dass verheiratete Paare mit bis zu 15.000 Euro Steuervorteil pro Jahr vom Ehegattensplitting profitieren – unabhängig davon, ob sie Kinder großziehen oder nicht –, während Steuerklasse II, die Alleinerziehende beantragen können, eine Besteuerung fast wie ein Single bedeutet, ist ein weiterer Baustein in der strukturellen Benachteiligung. So sorgt der Staat dafür, dass berufstätige Alleinerziehende eine überproportional hohe Abgabenlast tragen, obwohl sie sich um zukünftige Steuerzahler kümmern, die auch die Rente von Kinderlosen eines Tages finanzieren werden."[4]

Die ungerechte Behandlung der Alleinerziehenden spiegelt sich bereits in der Bibel wider, in der Geschichte Hagars, einer alleinerziehenden Mutter. Sie wurde mit ihrem Sohn Ismael im wahrsten Sinne des Wortes von Abraham in die Wüste geschickt. „Früh am Morgen stand Abraham auf, nahm Brot und einen Schlauch mit Wasser und gab es Hagar, legte es ihr auf die Schulter, übergab ihr das Kind und entließ sie. Sie zog fort und irrte in der Wüste von Beerscheba umher" (Genesis 21,14). Abraham versorgt Hagar mit dem Nötigsten für eine Reise und schickt sie in die Wüste, ohne dass Hagar weiß, wo sie hingehen kann. Abraham legt alle Last auf ihre Schultern. Der Satzbau ist im Hebräischen kompliziert. In einem ersten Schritt nimmt Abraham den Reiseproviant und gibt ihn Hagar. Die verwendete Präposition deutet darauf hin, dass Abraham Hagar den Proviant nicht nur einfach gibt, sondern ihr „anvertraut bzw. in ihre Obhut gibt". Abraham legt alles auf Hagars Schulter und dann folgt im Satzbau noch die Aussage „auch das Kind". Wörtlich übersetzt kann man den hebräischen Text in Genesis 21,14 folgendermaßen wiedergeben: „Am Morgen stand Abraham auf, er nahm Brot und einen Wasserschlauch, gab [es] in Hagars Obhut, legte [es] auf ihre Schulter – auch das Kind – und schickte sie fort. Sie ging fort und irrte umher in der Wüste Beerscheba." Abraham versorgt Hagar zwar mit Reiseproviant, aber er sorgt nicht für ihre Zukunft. Er kümmert sich weder um sie noch um das Kind, vielmehr gibt er das Kind einfach in ihre Obhut, so wie er ihr Wasser und Brot gibt. Das Kind wird als Betroffener nicht in den Blick genommen. Die Verantwortung für Abrahams Sohn liegt nun vollends bei Hagar, die in die Wüste geschickt wird und dort ziellos umherirrt.

Auch wenn in der Handlung Abrahams Sohn nur als Objekt betrachtet wird, ist er mit der Mutter der direkt Leidtragende. „Als das Wasser im Schlauch zu Ende war, warf sie das Kind unter einen Strauch, ging weg und setzte sich in der Nähe hin, etwa einen Bogenschuss weit entfernt; denn sie sagte: Ich kann nicht mit ansehen, wie das Kind stirbt. Sie saß in der Nähe und erhob ihre Stimme und weinte" (Genesis 21,15–16). Ohne die Fürsorge und den Schutz einer Großfamilie beziehungsweise eines Familienvaters waren Hagar und Ismael in der Wüste dem Tod ausgeliefert. Ohne Wasser bleibt der Mutter nur noch die Möglichkeit, dem Tod ihres Kindes zuzusehen. Hagar wirft das Kind unter einen Strauch und entfernt sich, um das Elend nicht mitansehen zu müssen. Zwar konnte sie nicht über ihr Schicksal entscheiden – sie wurde ja von Abraham weggeschickt – aber zumindest ist sie das Subjekt der folgenden Handlung. Ismael, ihr Sohn, ist das leidende und dem Tod ausgelieferte Objekt. Er wird zum Sterben hingeworfen, ohne selbst die Möglichkeit zum Handeln zu haben. Abraham kümmert sich nicht um seinen Sohn, Hagar kann ihn nicht versorgen und Ismael ist allem hilflos ausgeliefert.

Hagar ist keine schlechte Mutter, sie hat keine andere Wahl, als das Kind sterben zu lassen. Sie selbst zerbricht an der Situation. Doch hier erweist sich Gott als fürsorgender Vater. „Gott hörte den Knaben schreien; da rief der Engel Gottes vom Himmel her Hagar zu und sprach: Was hast du, Hagar? Fürchte dich nicht, denn Gott hat die Stimme des Knaben gehört, dort, wo er liegt. Steh auf, nimm den Knaben hoch und halt ihn fest an deiner Hand; denn zu einem großen Volk will ich ihn machen“ (Genesis 21,17–18). So wie Gott im Buch Exodus später das Klagen Israels unter der Sklavenherrschaft Ägyptens erhört, so erhört er hier das Weinen Ismaels. Der Todesschrei ist sozusagen der Weckruf, der Gott zum Eingreifen veranlasst. Die fehlende menschliche Verantwortung wird durch Gott ausgeglichen. Er wandelt die Not sogar in eine Verheißung. So wie dem verantwortungslosen Vater Abraham zuvor verheißen wurde, dass aus ihm ein großes Volk entstehen wird (siehe Genesis 12,2), wird nun Hagar verheißen, dass Gott ihren Sohn zu einem großen Volk machen will. Während die machtlose Mutter das Weinen ihres Kindes nicht ertragen kann, erhört Gott das Schreien. Dieser Kontrast ist keine Kritik am Handeln Hagars. Die Verheißung betont ihre positive Rolle als alleinerziehende Mutter. Sie ist direkt angesprochen und sie wird aufgefordert, den Knaben wieder zu sich zu nehmen und ihn fest an der Hand zu halten. Gott will Ismael zu einem großen Volk machen, aber dafür muss Hagar ihn leiten und erziehen. Die Verheißung liegt in der Verantwortung Hagars und Gott ermöglicht dies. „Gott öffnete ihr die Augen und sie erblickte einen Brunnen. Sie ging hin, füllte den Schlauch mit Wasser und gab dem Knaben zu trinken" (Genesis 21,19). Gott hilft nicht nur mit den warmen Worten einer Verheißung, sondern er hilft unmittelbar: Gott zeigt ihr einen Brunnen, an dem sie ihren Wasserschlauch wieder füllen kann, um Ismael zu trinken zu geben.

In der damaligen Zeit war ein Brunnen wahrscheinlich ein tiefes, manchmal ausgemauertes Loch in der Erde, in dem am Boden Wasser quillt. Solche Brunnen waren aus der Ferne kaum zu erkennen und durch geringste Bodenerhebung bereits verdeckt. Gott hilft und ermöglicht so ein gutes Leben für Hagar und Ismael als eine Ein-Eltern-Familie. „Gott war mit dem Knaben. Er wuchs heran, ließ sich in der Wüste nieder und wurde ein Bogenschütze. Er ließ sich in der Wüste Paran nieder und seine Mutter nahm ihm eine Frau aus Ägypten" (Genesis 21,20–21).

Hagar war eine Magd Saras, der Frau Abrahams. Da

Sara nicht schwanger wurde, forderte sie Abraham auf, Hagar zur Zweitfrau zu nehmen und zu schwängern. Am Ende der Geschichte steht Hagar als alleinerziehende Mutter völlig hilflos da. Jede alleinerziehende Mutter, jeder alleinerziehende Vater hat eine ganz eigene Geschichte zu erzählen. Aber niemand sollte ohne Fürsorge in die Wüste geschickt werden. Abraham hätte mehr Verantwortung zeigen müssen. Gott hingegen hat in der Wüste Hagars und Ismaels verzweifelte Situation nicht ignoriert und ihnen geholfen – nicht durch ein übernatürliches Wunder, sondern durch den Brunnen, der bereits zuvor existiert hatte. Es bedarf keines übernatürlichen Wunders, sondern der Begleitung und Fürsorge.

Gott rettet Ismael und Hagar das Leben. Zudem verweist er auf die bedeutungsvolle Rolle Hagars in der Erziehung Ismaels; damit wird sie selbst zur Erfüllung seiner Verheißung führen. Andererseits kann die alleinerziehende Hagar nur zur Erfüllung des göttlichen Plans beitragen, weil Gott es ihr garantiert, ihren Sohn abgesichert großzuziehen. Für Hagars und Ismaels Zukunft reichte kein Reiseproviant aus, er war zu schnell aufgebraucht. Es ist begleitende Fürsorge notwendig.

Vor der Wiege …

In der Bibel geht es nicht um den Schutz seines abstrakten Familienkonzeptes, sondern um ein gelingendes Leben in einer Familie von der Wiege bis zur Bahre. Dieser Lebensweg beginnt gemäß dem katholischen Glauben schon vor der Geburt. Bereits das von den einen als „Zellhaufen" titulierte, von anderen bereits als „embryonaler Mensch" bezeichnete, potenzielle Kind einer Familie, ist schützenswert: „Das menschliche Leben ist vom Augenblick der Empfängnis an absolut zu achten und zu schützen. Schon im ersten Augenblick seines Daseins sind dem menschlichen Wesen die Rechte der Person zuzuerkennen, darunter das unverletzliche Recht jedes unschuldigen Wesens auf das Leben," heißt es im Katechismus der Katholischen Kirche, der seine Lehre durch Verweise auf zwei Bibelstellen, Jeremia 1,5 und Psalm 139,15, unterstreicht (KKK 2270).

Gott offenbart dem Propheten Jeremia, dass er dazu geschaffen wurde, gesendet zu werden und Gottes Wort zu verkünden. Die Gottesrede blickt weit zurück ins Leben des Propheten: „Noch ehe ich dich im Mutterleib formte, habe ich dich ausersehen, noch ehe du aus dem Mutterschoß hervorkamst, habe ich dich geheiligt, zum Propheten für die Völker habe ich dich bestimmt" (Jeremia 1,5). Schon vor der Geburt und schon bevor Gott ihn im Mutterleib formte, hatte er ihn auserwählt.

Aber bei der Lektüre muss man vorsichtig sein: Es geht hier um keine biologische, sondern um eine theologische Aussage. Biologisch betrachtet kann man fragen: Was bedeutet das Geformt-Werden? Beginnt es mit der Befruchtung der Eizelle? Beginnt es mit der Embryonalphase ab der 5. Woche, wenn der Kopf und der Rumpf sich entwickelt haben, wenn das Herz das erste Mal schlägt? Biblisch geht es um eine andere Aussage: Dem Menschen kommt seine Würde nicht durch eine vorherige Leistung zu. Der Mensch entsteht dem Schöpfer als ein Gegenüber. Der einzelne Mensch ist von Gott gewollt und durch die „Schöpfung des einzelnen Menschen" erkennt Gott sein Geschöpf und erkennt es an. So kann der Beter in Psalm 139,15 beten: „Dir waren meine Glieder nicht verborgen, als ich gemacht wurde im Verborgenen, gewirkt in den Tiefen der Erde." Ebenso wie in Jeremia 1,5 wird auch hier ausgesagt, dass Gott bereits zum entstehenden Menschen in enger Beziehung steht. Der Beter erkennt, dass er selbst, bevor er überhaupt ein selbsthandelndes Wesen geworden ist, bereits durch die Beziehung zu Gott seine Würde erhalten hat. Gemäß dem Psalm besteht die Beziehung Gottes zum Menschen schon lange vor der eigentlichen Entstehung des Menschen im Mutterleib: „Als ich noch gestaltlos war, sahen mich bereits deine Augen. In deinem Buch sind sie alle verzeichnet: die Tage, die schon geformt waren, als noch keiner von ihnen da war" (Psalm 139,16).

Die Bibel kann aber auch ganz untheologisch, eher naturwissenschaftlich, klingen: „Im Schoß der Mutter wurde ich zu Fleisch geformt, in zehn Monaten in Blut verfestigt aus dem Samen eines Mannes nach lustvollem Beischlaf" (Weisheit 7,1–2). In der Medizin wurde die Eizelle erst 1827 entdeckt. In vielen Bibelstellen wird aber auch deutlich, dass Frauen und Männern bei der Zeugung gleichwertige Rollen zukommen: Kinder werden sowohl als Frucht des väterlichen (Micha 6,7) wie des mütterlichen Leibes (Genesis 30,2 und Lukas 1,42) verstanden. Besonders auffallend ist, dass das hebräische Wort für „Kind" ילד (gesprochen: *jeled*) direkt zusammenhängt mit den hebräischen Worten für das „Zeugen" durch den Mann, für das „Gebären" durch die Frau und das „Geborenwerden" der Kinder – dies wird sehr deutlich in einem kurzen Vers des Buches Jeremia: „Denn so spricht der HERR über die Söhne und Töchter, die an diesem Ort geboren werden [הילודים, gesprochen: *hajjillodim*], über ihre Mütter, die sie gebären [הילדות, gesprochen: *hajjillodot*] und über ihre Väter, die sie zeugen [המולדים, gesprochen: *hammolidim*] in diesem Land [...]" (Jeremia 16,3). Hier zeigt sich, dass der Beginn des Lebens als ein Prozess zu verstehen ist, in dem Vater, Mutter und Kind in enger Gemeinschaft zusammenhängend gesehen werden. Die Phase von der Zeugung bis zur Geburt bildet ein Ganzes.

Man könnte daher annehmen, dass es, entsprechend der bisher angeführten Bibelstellen ganz selbstverständlich ist, dass die Bibel von keiner gewollten Abtreibung berichtet. Aber vielleicht unterscheidet zumindest ein Gesetzestext im Buch Exodus zwischen zwei Phasen der Entstehung des Kindes im Mutterleib: „Wenn Männer miteinander raufen und dabei eine schwangere Frau treffen, sodass ihre Kinder abgehen, ohne dass ein weiterer Schaden entsteht, dann muss der Täter eine Buße zahlen, die ihm der Ehemann der Frau auferlegt; er muss die Zahlung nach dem Urteil von Schiedsrichtern leisten. Ist weiterer Schaden entstanden, dann musst du geben: Leben für Leben [...]" (Exodus 21,22–23). Dieser Rechtsfall ist nur skizzenhaft beschrieben und die Deutung ist umstritten: Es geht um eine Verletzung, die einer Frau als unbeteiligte Dritte durch zwei sich handgreiflich streitenden Männer zugefügt wird.

Die Verletzung der schwangeren Frau führt dazu – so der hebräische Text –, dass „ihre Kinder hinausgehen". Im Folgenden unterscheidet der Text zwischen einem Fall, in dem „kein weiterer Schaden" entsteht, und einem Fall, in dem „weiterer Schaden" entsteht. Im hebräischen Text ist es offen, was für ein „Schaden" gemeint ist.

Der jüdische Übersetzer, der den hebräischen Text in der Antike ins Griechische übertragen hat, ist sehr frei mit dem Text umgegangen und hat ihn durch seine eigene Interpretation vereindeutigt. In der griechischen Übersetzung des Textes, der Septuaginta, wurde die Unterscheidung der verschiedenen „Schäden" direkt auf die Kinder bezogen: Im Falle, dass es sich um ein noch nicht „ausgebildetes" oder „geformtes" Kind handelt, muss der Verursacher eine Strafe zahlen. Falls es sich um ein „ausgebildetes", das heißt wohl um ein als Mensch erkenntliches Kind handelt, das durch den Vorfall stirbt, dann geht es um einen Tötungsdelikt und es gilt: „Leben für Leben!"

Gemäß dieser Interpretation des Gesetzestextes durch den Übersetzer könnte die Frage aufkommen, ob z. B. erst der Fötus, also ein Embryo nach der Ausbildung der inneren Organe, dem erwachsenen Menschen rechtlich gleichgestellt sei. Eine solche Unterscheidung findet sich jedoch im hebräischen Text des Alten Testamentes nicht. Aus der Perspektive der Gottesrede in Jeremia 1,5 ist eine solche Unterscheidung nicht denkbar – und der Beter von Psalm 139 bekennt wörtlich übersetzt: „Mein Ungeformtes sahen deine Augen" (Psalm 139,16). Rückblickend erkennt der Psalmist, dass er vom Anfang seiner Existenz an, also bereits als „ungeformter Mensch“, von Gott behütet wurde. Die Bibel bietet, biologisch betrachtet, keine Antwort auf die Frage, wann und wie das Leben des Menschen anfängt. Es geht der Bibel auch nicht darum, einen Zeitpunkt festzulegen, mit dem das Leben offiziell beginnt: Der Lebensbeginn im Mutterleib ist eine Lebensphase, in dem das zukünftige Kind, behütet von Gott, geformt wird als „Frucht“ des Vaters und der Mutter.

… zum Kind …

Als es 2015 zum Streik der in Kindertagesstätten angestellten Erzieherinnen und Erzieher kam, sagte eine der Streikenden: „Wir sind keine Spieltanten, sondern wir kümmern uns um das Wertvollste, was es gibt: Kinder!“ Der Wert von Kindern für eine Gesellschaft wird nicht erst deutlich, wenn man mit sorgenvollem Blick die demografische Entwicklung in Deutschland betrachtet.

Bereits die Bibel weiß, wie wichtig Kinder für eine Gesellschaft sind: „Siehe, ein Erbteil vom HERRN sind Söhne, ein Lohn ist die Frucht des Leibes“ (Psalm 127,3). Im patriarchalischen Entstehungskontext galten Söhne als Garanten der Familienzukunft. Sie werden als „Pfeile in der Hand eines Kriegers“ beschrieben, die die Familie beschützen (Psalm 127,4–5). Der Text beschreibt Söhne, die in jungen Jahren gezeugt werden, als wichtige Stütze der Familie, wenn die Eltern selbst alt sind. In der Aussage des Psalms werden sie als „ein Erbteil vom HERRN“ beschrieben.

In der deutschen Sprache denkt man beim Wort „Erbe“

zuerst an den Tod einer Person. Nur eine tote Person kann etwas vererben – dieser Gedankengang ist in Bezug auf die Aussage in Psalm 127,3 aber irreführend. Da Gott nicht tot ist, kann er auch nichts vererben. Vielmehr wird ausgesagt, dass die Söhne zum Erbe, das heißt zum Besitz Gottes, gehören. Der mit „Erbe" übersetzte hebräische Begriff נחלה (gesprochen: *nachalah*) bezeichnet eigentlich ein „dauerhaftes Gut, das ein unbestreitbares Eigentum ist". Dies wird deutlich, wenn man erkennt, dass „ein Erbteil vom HERRN" als Titel eine Auszeichnung darstellt, die im Alten Testament eigentlich nur dem Volk Israel und dem verheißenen Land zukommt (zum Beispiel in Deuteronomium 4,20–21). Israel hat das verheißene Land als Lehen von Gott erhalten und ist zugleich selbst Eigentum Gottes – so verstanden, wird der Begriff „ein Erbteil vom HERRN" zum Ausdruck für den Bestand und Dauerhaftigkeit der Beziehung Gottes zu seinem Volk. Diese Beziehung Gottes zu seinem Volk drückt sich in Psalm 127,3 durch die Gabe von Söhnen aus. Der Psalm verdeutlicht also, dass Kinder ein Gottesgeschenk sind – ein Ausdruck der Beziehung zu Gott – und dass sie für die Zukunft der Familie eine wichtige Stütze darstellen.

… bis zur Bahre

Kinder sind teuer, aber sie sind auch wertvoll. Sie sind nichts Geringeres als das Kontinuitätsprinzip der Gesellschaft. Das Erreichte innerhalb einer Gesellschaft bewährt sich an der Weitergabe an die nächste Generation. Die

Werte, für die eine Gesellschaft eintritt, leben nur fort, wenn sie von den Kindern angenommen und übernommen werden. Nicht von ungefähr erklingt in der Tora immer wieder die Aufforderung an die Eltern, den Kindern von den Taten Gottes zu erzählen und somit den Kindern die eigene Identität zu vermitteln.

Die Ursprungsgeschichte des Volkes Israels, die die Identität Israels als Volk Gottes bestimmt, ist die Herausführung aus Ägypten. Schon während das Buch Exodus diese Geschichte erzählt, ist mitten in der Erzählung die Aufforderung zu lesen, dass Israel, nachdem es im verheißenen Land siedeln wird, zur Erinnerung an die Errettung jedes Jahr ein Fest feiern solle. Grundlegender Bestandteil dieses Festes wird die Erzählung der Heilstaten Gottes sein, da sich in der Errettung aus Ägypten die Identität Israels als Volk Gottes manifestiert hat: „An diesem Tag erzähl deinem Sohn: Das geschieht für das, was der HERR an mir getan hat, als ich aus Ägypten auszog" (Exodus 13,8). Wer Israel ist, wird durch Erzählungen von Generation zu Generation tradiert und die Bewahrer dieser erzählten Identität sind jeweils die Kinder (siehe auch Deuteronomium 4,9). Zudem gelten sie auch als Bewahrer der Normen und Rechte, die eine Gesellschaft formt und trägt. Rechte und Gesetze haben nur Bestand, wenn die folgende Generation ihren Wert erkennt. „Und diese Worte, auf die ich dich heute verpflichte, sollen auf deinem Herzen geschrieben stehen. Du sollst sie deinen Kindern wiederholen. Du sollst sie sprechen, wenn du zu Hause sitzt und wenn du auf der Straße gehst, wenn du dich schlafen legst und wenn du aufstehst“ (Deuteronomium 6,6–7). Der Mensch soll die Gesetze Gottes zu seinem eigenen Herzensanliegen machen und sie sollen sein ganzes Tun, sein Reden, sein Sitzen, sein Gehen, sein Tagesende und seinen Tagesanfang bestimmen. Aber der Aufforderung, die Gesetze anzunehmen, folgt nicht direkt die Betonung ihrer praktischen Auswirkung im eigenen Leben. Zuerst wird auf die Notwendigkeit der Weitergabe an die Kinder verwiesen, die dann am Handeln ihrer Eltern die Bedeutung des Gesetzes erkennen. Kinder sind Garant für den Fortbestand der guten und gerechten Normen und Rechte. Ohne Zweifel sind Kinder das Wertvollste, was eine Gesellschaft besitzt. Sie sind – biblisch gesprochen – nicht nur ein Geschenk Gottes, sondern das Fundament der Zukunft für die Familien, in denen sie aufwachsen und für die Gesellschaft, die sie prägt (siehe Sprichwörter 22,6).

Die Familie ist ein Schutzort für Kinder, um zu verantwortlichen Erwachsenen heranzuwachsen. Der Auftrag der Gesellschaft, der Politik und der Kirche muss es sein, dies zu ermöglichen. 2018 schrieb der Erfurter Bischof Ulrich Neymeyr in einem Fastenbrief für Kinder und Jugendliche: „Ich bin als Kind nicht gerne in die Kirche gegangen, weil ich es sehr langweilig fand.“ Die Messe ist kein Abenteuerspielplatz. Aber wenn nicht in der Kirche, wo ist dann der Ort, an dem Kinder in den Glauben hineinwachsen können? An kirchlichen Angeboten mangelt es nicht: Kindergärten, Religionsunterricht, Erstkommunion- und Firmvorbereitung, Messdienergruppen etc. Jede noch so kleine Kirchengemeinde hat viel zu bieten. Aber alle diese Angebote haben nur eine unterstützende Funktion: „Ohne die Familie als Hauskirche können Kinder nicht in den Glauben hineinwachsen." Doch was helfen das ehrliche Bekenntnis und die wichtige Einsicht, wenn die jungen Eltern größtenteils schon nicht mehr regelmäßig in die Kirche gehen oder gar keine Kirchenbindung mehr haben? Wie kann die Familie noch als Ort der Glaubensweitergabe funktionieren?

Anstatt die Altersstrukturen der Kirchengemeinden mit Sorge anzuschauen, empfiehlt es sich doch gerade, die Hoffnung in die Hände der Großeltern zu legen. Die Kirche ist nicht überaltert, sondern die Gläubigen sind im besten Alter für einen Neuanfang. Im Buch Rut ist es Noomi, die als Witwe die Gräber ihrer eigenen Kinder hinter sich lässt und aufbricht, um damit eben jenen Stammbaum aufblühen zu lassen, der König David hervorbringen wird. Schon im Psalmengebet findet sich der Wunsch, dass das eigene Gotteslob auch in den folgenden Generationen erklingen und sich Gottes Heilsgeschichte fortsetzen möge: „Geschlecht um Geschlecht rühme deine Werke, deine machtvollen Taten sollen sie künden" (Psalm 145,4). Dieser Wunsch klingt auch heute durch die leeren Kirchen. Nicht, weil die Kirche weiterbestehen soll, sondern weil das gefundene Gottvertrauen als Geschenk auch das Leben der kommenden Generationen bereichern kann.

Es wäre viel gewonnen, wenn die kommenden Generationen auf ihre Großeltern blicken würden wie der Enkel Jesus Sirachs auf seinen Großvater: „So widmete sich Jesus, mein Großvater, sorgfältig dem Lesen des Gesetzes wie der Propheten und der anderen, von den Vorfahren überkommenen Schriften" (Jesus Sirach, Prolog). Er lobpreist in seinem Vorwort zur Übersetzung des Weisheitsbuches seines Großvaters nicht nur alle Wunder, die Gott an seinem Volk vollbracht hat, sondern ist stolz auf die Weisheit, die sein Großvater im Bibelstudium gefunden hat. Nun sollte jedoch nicht jeder Gläubige ein Buch schreiben – und auch nicht jedes geschriebene Buch wird gelesen: „Im Übrigen, mein Sohn, lass dich warnen! Es nimmt kein Ende mit dem vielen Bücherschreiben und viel Studieren ermüdet den Leib. Hast du alles gehört, so lautet der Schluss: Fürchte Gott und achte auf seine Gebote! Das allein hat jeder Mensch nötig" (Kohelet 12,12–13). Theologische Bücher, Pastoralpläne und selbst die Bibel sind nur tote Worte, wenn kein Herz mit ihnen gefüllt ist. Der Mund redet bekanntlich nur, wovon das Herz voll ist (siehe Matthäus 12,34) – und bei denjenigen, die sonntags in die Kirche gehen, mangelt es nicht am Glauben. Doch gelebter Glaube ist nur in Taten und Worten verkündeter Glaube.

Im Buch Deuteronomium fasst Mose den Willen Gottes, wie er ihn am Berg Sinai offenbart hat, für das Gottesvolk zusammen und betont, dass Glaube im Angesicht der Kinder gelebt werden soll (siehe Deuteronomium 6,6). Wenn das Kind dann fragt, warum bestimmte Religionsgesetze eingehalten werden, dann soll als Antwort die Heilsgeschichte Gottes mit seinem Volk erzählt werden – und dies ist keine Gute-Nacht-Geschichte, sondern betrifft sowohl den Erzählenden als auch den Hörenden in seiner und ihrer Identität (siehe Deuteronomium 6,20–24).

Oft wird von einer Glaubenskrise gesprochen. Nicht der Glaube, sondern seine Weitergabe steckt in der Krise. Selbst wenn man pessimistisch meint, die Generation der jungen Eltern sei für die Kirche verloren. Die Hoffnung – und nicht der Niedergang – liegt in den Händen derer, die den Glauben leben und von ihm erzählen. Vielleicht klingt es absurd, aber das Feuer des Glaubens brennt in der Generation der Großeltern und ihr Glaube wird ihnen als Gerechtigkeit angerechnet werden, wenn sie ihren Kindeskindern begeistert und begeisternd erzählen, warum sie an den Gott der Bibel glauben und in die Kirche gehen – denn sie kennen die Gründe. Nur so werden Familien, Großfamilien, wieder zum Ort der Weitergabe des Glaubens.

Schöpfungsauftrag
Von der Klimakrise zum Ins-Gebet-Nehmen

Auf dem Weg zur Klimakatastrophe wird viel geredet und wenig getan. Der Mensch ist schuld am Klimawandel und er muss nun Verantwortung übernehmen. Papst Franziskus hat in seiner Enzyklika *Laudato si'* nochmals darauf hingewiesen, dass für Christen „ihre Aufgaben im Bereich der Schöpfung, ihre Pflichten gegenüber der Natur und dem Schöpfer Bestandteil ihres Glaubens sind" (Laudato si', 64). Aber scheinbar hilft nur noch beten – zum Beispiel Psalm 8. Hier in meiner eigenen Übersetzung:

> JHWH, unser Herrscher,
> wie gewaltig/majestätisch ist Dein Name
> auf der ganzen Erde,
> der Du gibst Deine Hoheit auf den Himmel.
> Aus dem Mund der Kleinkinder und Säuglinge
> heraus hast Du Macht gegründet,
> um Deiner Widersacher willen, um ein Ende zu
> setzen Feind und Rachgierigem.

Fürwahr, ich sehe Deinen Himmel,
die Werke Deiner Finger,
den Mond und die Sterne, die Du befestigt hast.
Was ist das Menschlein, dass Du seiner gedenkst
und was ist das Menschenkind, dass Du Dich seiner annimmst?
Du hast ihn (nur) wenig geringer gemacht als Gott
und mit Ehre und Herrlichkeit krönst Du ihn.
Du hast ihn zum Herrschen eingesetzt über die Werke Deiner Hände,
alles hast Du unter seine Füße gelegt.
Schafe und Rinder allesamt
und auch die (wilden) Tiere des Feldes,
Vögel des Himmels und die Fische im Meer,
die entlangziehen die Pfade der Meere.
JHWH, unser Herrscher,
wie gewaltig/majestätisch ist Dein Name auf der ganzen Erde.

In diesem Gebet bekennt man mit dem ersten Satz, dass Gott der im Himmel thronende König und der Schöpfer der Welt ist – in den Worten der revidierten Einheitsübersetzung: „HERR, unser Herr, wie gewaltig ist dein Name auf der ganzen Erde, der du deine Hoheit gebreitet hast über den Himmel" (Psalm 8,2). Gott als „unser Herrscher" (אדונינו, gesprochen: *adonenu*) zu titulieren, bedeutet, dass die Betenden als Knechte und Mägde vollends abhängig sind von Gott, ihrem Herrn. Die Betenden stehen im Dienst Gottes, weil er königliche Macht über die gesamte

Welt besitzt. Es ist eine allumfassende Macht: „Aus dem Mund der Kinder und Säuglinge hast du ein Bollwerk errichtet wegen deiner Gegner, um zum Einhalten zu bringen Feind und Rächer“ (Psalm 8,3). Es scheint absurd, aber Gottes Macht basiert auf den Schwächsten der Schwachen. Er trotzt seinen Gegnern mit dem Lob aus dem Mund von Kleinkindern und Säuglingen. Gemäß dem hebräischen Text schafft Gott gar aus dem Mund der Schutzlosesten und Wehrlosesten eine Macht (עֹז, gesprochen: *os*), die den Feinden ein Ende setzt und Zukunftsaussichten bietet. Gott schafft dank seiner Macht stets einen Neuanfang und wird zum Bewahrer des Menschen und der Schöpfung. „Seh ich deine Himmel, die Werke deiner Finger, Mond und Sterne, die du befestigt: Was ist der Mensch, dass du seiner gedenkst, des Menschen Kind, dass du dich seiner annimmst?“ (Psalm 8,4–5). Im Angesicht des leuchtenden Sternenhimmels verdeutlicht sich diese Macht, von der in Vers 3 gesprochen wird. Die Ordnung des Kosmos ist Ausdruck der Hoheit Gottes. Diese Unendlichkeit ist sozusagen sein Fingerzeig. Er hat alles erschaffen und alles trägt seine persönliche Note, seinen Fingerabdruck. Und bei der Betrachtung der Schöpfung, fragt sich der Mensch, was für eine Bedeutung er im Angesicht dieses großen Werkes hat.

Die Frage selbst ist eine rhetorische Frage und erhält keine direkte Antwort – sie selbst ist aber beachtenswert: Nicht nur in den beiden Bezeichnungen „Menschlein“ (אנוש, gesprochen: *enosch*) und „Menschenkind“ (בן אדם, gesprochen: *ben-adam*) wird der Abstand zwischen Gott und Mensch noch einmal deutlich. Während „Menschlein“

häufig – vor allem im Buch Ijob und den Psalmen – den vor Gott kleinen Menschen meint, ist mit dem Ausdruck Menschenkind die Vergänglichkeit und das Menschsein als solches gemeint (siehe Psalm 90,3). Der Niedrigkeitsaussage über den Menschen in Psalm 8 stehen die Handlungen Gottes gegenüber. Die beiden Ausdrücke „gedenken" und „sich annehmen / kümmern" bringen ein positives, fürsorgliches Handeln Gottes zum Ausdruck. Die Aufforderung an Gott, des Beters zu gedenken, ist typisch für das biblische Gebet. Dabei geht es um mehr als ein Erinnern oder An-etwas-denken. Vielmehr soll durch das Gedenken die heilende Gegenwart Gottes wirksam werden. Der zweite Ausdruck „sich annehmen / kümmern" fasst die Aussageintention des ersten Begriffs noch weiter und steigert sie sogar noch, indem der Entschluss zum handelnden Eingreifen hinzufügt wird. Gott überlässt den Menschen nicht sich selbst, sondern ist ihm stets anteilnehmend und wohlwollend zugetan. Diese Aufmerksamkeit Gottes gilt allen Menschen und sie gilt, wie der Vorspann zu der rhetorischen Frage in Vers 4 deutlich macht, dem Menschen in seiner Kleinheit und Hinfälligkeit.

Die göttliche Fürsorge hebt den Menschen aus dem Gesamt der Schöpfung heraus und seine Sonderstellung wird in den folgenden Versen erläutert: „Du hast ihn nur wenig geringer gemacht als Gott, du hast ihn gekrönt mit Pracht und Herrlichkeit" (Psalm 8,6). Während im altorientalischen Denken die Menschen als Sklaven der Götter definiert wurden und lediglich der König als Gottesbild oder Gottessohn angesehen wurde, universalisiert der Psalm diese Aussage. Das Prinzip wird gewissermaßen demokratisiert. Jeder Mensch ist ein Stellvertreter Gottes auf Erden. Dem Menschen kommt eine quasi-göttliche und königliche Würde zu – nicht durch Verdienst, sondern allein durch den Willen Gottes. Der Mensch wird sogar mit Herrlichkeit und Ehre gekrönt. Diese Attribute kommen in der Hebräischen Bibel eigentlich nur Gott (siehe Psalm 21,6) oder dem König zu (siehe Psalm 45,4). Gemäß Psalm 8,6 kommt dem Menschen eine allumfassende, die Welt stabilisierende und schützende Rolle zu. „Du hast ihn als Herrscher eingesetzt über die Werke deiner Hände, alles hast du gelegt unter seine Füße: Schafe und Rinder, sie alle und auch die wilden Tiere, die Vögel des Himmels und die Fische im Meer, was auf den Pfaden der Meere dahinzieht" (Psalm 8,7–9). Der Mensch ist König von Gottes Gnaden. Er herrscht über die Natur. Das heißt einerseits, dass die Tiere der Welt keine Gefahr für den Menschen darstellen, sondern dem Menschen als Stellvertreter Gottes untergeordnet sind. Andererseits bedeutet dies, dass der Mensch gegenüber der Tierwelt die Verantwortung hat, seine königlichen Pflichten und Aufgaben im Angesicht Gottes zu erfüllen. Die Macht- und damit die Verantwortungsfülle ist allumfassend und beinhaltet nicht nur die eigenen Nutztiere, sondern alle Säugetiere sowie alle Vögel und Meeresbewohner. Das gesamte Ökosystem liegt in seiner Hand.

Es ist auch interessant, was der Psalm nicht sagt: Die Herrschaft über andere Menschen wird nicht erwähnt. Entsprechend schließt der Psalm auch mit der Aussage, dass nur Gott der eigentliche König über die gesamte Erde ist: „HERR, unser Herr, wie gewaltig ist dein Name auf der ganzen Erde!“ (Psalm 8,10). Der Psalm preist Gott als den Weltenkönig, der sich dem Menschen zuwendet und ihn erhebt zu seinem Stellvertreter auf Erden. In menschliche Hände legt Gott die Schöpfung und gerade darin wird die besondere menschliche Würde deutlich.

Psalmen bieten nicht nur Worte zu Gott, sondern sind zugleich auch Worte an den Menschen. Das Beten der Psalmen erfüllt so eine zweifache Funktion. Es dient auch zur eigenen Positionsbestimmung. Das Geschöpf spricht zum Schöpfer und wird sich in Psalm 8 seiner Würde und Verantwortung bewusst. Die eigene Kleinheit und Vergänglichkeit erwachsen zur großen Aufgabe. Der Mensch ist nicht nur Teil der Schöpfung, seine menschliche Würde geht einher mit Pflichten und Aufgaben gegenüber der Schöpfung. Gott, der Schöpfer, hat den Menschen zum Bewahrer der Schöpfung eingesetzt. Deswegen muss er handeln, anstatt gegen den Klimawandel zu argumentieren wie der ehemalige Vorsitzende des Umweltausschusses des Senats, Jim Inhofe, mit Hinweis auf Gen 8,22: „The arrogance of people to think that we, human beings, would be able to change what He is doing in the climate is to me outrageous.“ (Die Arroganz der Leute, die meinen, dass die Menschen in der Lage wären, das zu beeinflussen, was Er [Gott] mit dem Klima macht, ist aus meiner Sicht empörend.)

Klimwandel

Das Phänomen der durch Menschen verursachten globalen Erwärmung war in biblischer Zeit unbekannt und es wird auch nicht thematisiert. Das Klima ist geprägt durch den Ablauf der Jahreszeiten und teilweise durch Naturkatastrophen wie Fluten, Stürme und Dürren. Gott, der Schöpfer ist verantwortlich für das Klima und auch für Naturkatastrophen. Er ist es zum Beispiel, der durch eine Flut – vor der nur Noach, seine Familie und die Tiere in der Arche gerettet werden – fast alles Leben vernichtet (siehe Genesis 6–8). Am Ende der Flutgeschichte findet sich die Bibelstelle, auf die der US-amerikanische Senator Jim Inhofe hinweist. Gott sichert den Überlebenden Folgendes zu: „Niemals, so lange die Erde besteht, werden Aussaat und Ernte, Kälte und Hitze, Sommer und Winter, Tag und Nacht aufhören“ (Genesis 8,22). In vier Wortpaaren wird das Fortbestehen der Grundrhythmen des Jahres und des Tages zugesichert, solange es die Erde geben wird. Der Rhythmus von Saat und Ernte garantiert die Ernährung. Der Rhythmus der Jahreszeiten ermöglicht die Erneuerung der Natur. Der Rhythmus von Tag und Nacht dient der Erholung – und hinter dem Paar „Kälte und Hitze“ zeigt sich vielleicht der Unterschied zwischen den meist heißen Tagen und kalten Nächten im Nahen Osten. Dieser Zusage liegt ein zyklisches Zeitverständnis zugrunde, das dem Menschenleben einen festen Rahmen gibt. Aber diese Bibelstelle sagt nicht aus, wie sich das Klima entwickeln wird. Die Ernte kann aufgrund von Dürren eine Missernte sein – Abraham und die Schwiegermutter Ruts müssen gar das verheißene Land aufgrund von Dürren verlassen (siehe Genesis 12,10; Rut 1,1). Kälte und Hitze können sich, wie es die Welt momentan durch die globale Erderwärmung erleidet, zu Extremen entwickeln.

An der Flutgeschichte wird deutlich, dass – gemäß dem Denken der biblischen Zeit – Naturkatastrophen als Strafen Gottes gesehen werden. Die Überschwemmung und damit Tötung fast allen Lebens geschieht aufgrund des Verhaltens der Menschen: „Der HERR sah, dass auf der Erde die Bosheit des Menschen zunahm und dass alles Sinnen und Trachten seines Herzens immer nur böse war. Da reute es den HERRN, auf der Erde den Menschen gemacht zu haben, und es tat seinem Herzen weh. Der HERR sagte: Ich will den Menschen, den ich erschaffen habe, vom Erdboden vertilgen, mit ihm auch das Vieh, die Kriechtiere und die Vögel des Himmels, denn es reut mich, sie gemacht zu haben" (Genesis 6,5–7). Am Ende der Flut steht zwar dann die Zusage Gottes, dass er die Erde wegen den Menschen nicht noch einmal bestrafen werde, wie er es durch die Flut getan hat (siehe Genesis 8,21), aber diese Stelle beinhaltet auch, dass die Menschen für die Flut verantwortlich sind und ihretwegen die Erde zu leiden hatte.

In der weiteren biblischen Geschichte wird die Erde bzw. das Land selbst zum Akteur gegenüber dem Menschen. Im Buch Levitikus wird davor gewarnt, dass das verheißene Land das Volk Israel, wenn es sündigt, aus sich vertreiben werde (siehe Levitikus 18,28). So ist doch derjenige, der gemäß Genesis 1,28 über die Erde herrschen soll, zugleich von ihr abhängig und auf sie angewiesen. „[...] füllt die Erde und unterwerft sie und waltet über die Fische des Meeres, über die Vögel des Himmels und über alle Tiere, die auf der Erde kriechen!" (Genesis 1,28). Der biblische Auftrag lässt keinen Zweifel zu: Wir sollen raus in die Welt gehen und sie „niedertreten", „unterwerfen" und „erniedrigen" – das ist das Bedeutungsspektrum des verwendeten hebräischen Wortes (כבש, gesprochen: *kibesch*). Und die Tiere sollen wir „beherrschen", „niedertreten" und „unterdrücken" – so könnte man den letzten Auftrag dieses Verses, der mit dem hebräischen Wort רדה (gesprochen: *rada*) formuliert ist, übersetzen. Beiden Wörtern ist die Konnotation „treten" gemeinsam. So heißt es in einem Kommentar aus dem Jahr 1934: „[...] dem Menschen [ist] die uneingeschränkte Herrschaft über den Weltkörper Erde verliehen, deshalb kann keine Arbeit an ihr, z.B. Durchbohrung oder Abtragung von Bergen, Austrocknen oder Umleiten von Flüssen u. dgl., als gottwidrige Vergewaltigung bezeichnet werden."[5] Im blinden Wirtschaftswachstum und im gierigen Wohlstandkonsum die Schöpfung niederzutrampeln, wird wahrscheinlich nicht der Wunsch des Schöpfers gewesen sein, dessen Ebenbild der Mensch ist. Jedoch lässt sich die gewalthafte Konnotation beider Befähigungen nicht leugnen. Die Erde liegt den Menschen zu Füßen. Die entscheidende Frage ist nun jedoch, ob die Herrschaft der Geschöpfe auf Kosten der Schöpfung, deren Teil sie ist, bestehen kann. Der Mensch muss zum Ebenbild des Schöpfers und nicht zum Zerstörer werden. Als Gott sich dazu entscheidet, den Menschen zu schaffen, verwendet er ebenso wie in Genesis 1,28 das Wort רדה und definiert die ermöglichte Gewaltausübung durch den Menschen in Beziehung zu sich selbst, dem Lebensspender der Schöpfung. „Dann sprach Gott: Lasst uns Menschen machen als unser Bild, uns ähnlich! Sie sollen walten [וירדו] über die Fische des Meeres, über die Vögel des Himmels, über das Vieh, über die ganze Erde und über alle Kriechtiere, die auf der Erde kriechen“ (Genesis 1,26). Inmitten seines himmlischen Hofstaates entschließt sich Gott, jemanden zu schaffen, der ihn in der geschaffenen Welt repräsentiert. Der Mensch ist Gottes צלם (gesprochen: *zäläm*). Das heißt: Er ist die lebendige Statue, die den Schöpfer in seiner Schöpfung verkörpert. Der Mensch repräsentiert ihn und ist als lebendiges Wesen ein Mandatsträger Gottes: Herrsche so, wie ein Leben ermöglichender Schöpfer! Das Herrschen des Menschen über die Erde soll sich am Handeln Gottes ausrichten. Gott ist es, der die Welt schafft und sie mit allem versorgt, was sie bedarf. Es ist der sich sorgende und sich kümmernde Schöpfer, dessen Abbild der Mensch ist. Die Herrschaft des Menschen soll aber die Handschrift des Schöpfer besitzen.

Auch nach der Flut exisitiert gemäß einer prophetischen Anklage im Buch Hosea ein direkter Zusammenhang zwischen dem Schicksal der Erde und dem Verhalten der Menschen: „Nein, Fluch, Lüge, Mord, Diebstahl und Ehebruch machen sich bereit, Bluttat reiht sich an Bluttat. Darum soll das Land verdorren, alle seine Bewohner sollen verwelken, samt den Tieren des Feldes und den Vögeln des Himmels; auch die Fische im Meer sollen zugrunde gehen“ (Hosea 4,2–3). Nein, gemäß Hosea bedroht nicht

Umweltverschmutzung und CO2-Ausstoß die Erde, sondern die moralischen Vergehen der Menschen untereinander. Der moralische Zustand der Menschen, ihre Sünden, spiegeln sich nach dem Glauben der biblischen Zeit in der Natur wider.

Damals war die vom Menschen verursachte Klimaerwärmung, die ja erst durch die Industrialisierung einsetzte, noch lange kein Thema. Eine prophetische Kritik würde heute wohl beklagen, dass der Mensch seinem Auftrag als Ebenbild Gottes, als guter Herrscher über die Erde, nicht mehr nachkommt, sie vielmehr zu seinem eigenen Vorteil missbraucht, ohne auf die Folgen zu achten. Nicht, dass die Erde am Ende einfach den Menschen ausspeit und ohne ihn im Rhythmus von Erblühen und Verwelken, Hitze und Kälte, Sommer und Winter, Tag und Nacht fortbesteht! Verpflichtet nicht gerade im Besonderen der Wohlstand der westlichen Welt dazu, die Rolle als Stellvertreter und Stellvertreterin Gottes auf Erden ernst zu nehmen und sich fürsorglich der Natur und damit auch den Mitmenschen zuzuwenden?

Ein Land von Milch und Honig

Am Anfang des Buches Exodus verheißt Gott seinem Volk, das in Ägypten versklavt ist, nicht nur Freiheit, sondern den Besitz eines fruchtbaren Landes: „Ich bin herabgestiegen, um es der Hand der Ägypter zu entreißen und aus jenem Land hinaufzuführen in ein schönes, weites Land, in ein Land, in dem Milch und Honig fließen [...]“ (Exodus 3,8). In der Erzählung des Sinuhe, eines der bedeutendsten Werke ägyptischer Literatur, das wahrscheinlich ca. 1800 v. Chr. geschrieben wurde, findet sich folgende Beschreibung Kanaans, des verheißenen Landes: „Es war ein schönes Land [...] Feigenbäume gab es darin und Weinstöcke, es hatte mehr Wein als Wasser. Groß waren seine Honigmengen, zahlreich seine Ölbäume, und allerlei Obst war auf seinen Bäumen. Gerste gab es dort, und Emmer, und unbegrenzt war die Zahl von allerlei Vieh."[6] Das Land, in dem nach Gottes Wort „Milch und Honig fließen", ist ein fruchtbares Land – das aber auch nicht von Hungersnöten verschont geblieben ist. Im Buch Genesis flohen Abraham und auch Isaak wegen Hungersnöten aus Kanaan, obwohl es ihnen und ihren Nachfahren als Besitz verheißen war (siehe Genesis 12,10 und Genesis 26,1). Es ist kein Paradies und es gibt im Diesseits kein Land, in dem stets Milch und Honig fließen.

Die Beschreibung des Landes ist die Zusage des guten Lebens im Land. Milch steht nach rabbinischer Auslegung für die Fettheit bzw. Fülle und die Süße des verheißenen Landes. Reich an Proteinen und essenziell für die Ernährung des Menschen steht Milch pars pro toto als kraftspendendes Element für die Versorgung mit Grundnahrungsmitteln. Aus biblischer Perspektive bedeutet ein Überfluss an Milch, dass es für das Volk eine große Zahl gesunder und fruchtbarer Kühe und Ziegen gibt, die auf großen, von Regen getränkten Weideflächen genügend zu fressen finden. Ein solcher Zustand, ein fruchtbares Land und eine fruchtbare Herde, sind ein Segen Gottes (siehe auch Joel 4,18). Es ist dies die Verheißung eines guten Lebens in Wohlstand, das in der Beziehung Gottes zu seinem Volk wurzelt, auf und in dem verheißenen Land. Das Land selbst mag zwar fruchtbar sein, aber der von ihm ausgehende Segen ist von Gott gegeben und verpflichtet den Empfänger. Kurz bevor Israel nach der 40-jährigen Wanderung durch die Wüste in das Land hineinziehen darf, mahnt Mose das Volk: „Und wenn der HERR, dein Gott, dich in das Land geführt hat, von dem du weißt: er hat deinen Vätern Abraham, Isaak und Jakob geschworen, es dir zu geben – große und schöne Städte, die du nicht gebaut hast, mit allen Gütern gefüllte Häuser, die du nicht gefüllt hast, ausgehauene Zisternen, die du nicht ausgehauen hast, Weinberge und Ölbäume, die du nicht gepflanzt hast – , wenn du dann isst und satt wirst: nimm dich in Acht, dass du nicht den HERRN vergisst, der dich aus Ägypten, dem Sklavenhaus, geführt hat!“ (Deuteronomium 6,10–12). Die Landgabe wird als eine Liebeshandlung Gottes beschrieben, die eine Antwort des Volkes erwartet. Die Dankbarkeit soll sich in der Einhaltung des göttlichen Willens zeigen (siehe Deuteronomium 6,17–18), unter anderem in der Darbringung der ersten Früchte als Opfer: „Wenn du in das Land, das der HERR, dein Gott, dir als Erbbesitz gibt, hineinziehst, es in Besitz nimmst und darin wohnst, dann sollst du von den ersten Erträgen aller Feldfrüchte, die du in dem Land, das der HERR, dein Gott, dir gibt, eingebracht hast, etwas nehmen und in einen Korb legen. Dann sollst du zu der Stätte ziehen, die der HERR, dein Gott, erwählen wird, indem er dort seinen Namen wohnen lässt“ (Deuteronomium

26,1–2). Aus dem Wohlstand ergibt sich eine Verpflichtung gegenüber Gott. Zugleich betonen die Propheten, dass Wohlstand auch gegenüber dem Nächsten verpflichtet. Der Wohlstand des einen darf nicht auf der Ausbeutung des anderen beruhen: „Weh dem, der seinen Palast mit Ungerechtigkeit baut, seine Gemächer mit Unrecht, der seinen Nächsten ohne Entgelt arbeiten lässt und ihm seinen Lohn nicht gibt" (Jeremia 22,13).

Die Sozialgesetzgebung des Alten Testaments begrenzt die Gewinnmaximierung und verlangt die Versorgung von Bedürftigen mit Lebensmitteln. Die übersehenen Erträge, das Fallobst und die noch unreife Frucht stehen den *personae miserae* zu. Im Buch Levitikus reicht zur Begründung für dieses Gesetz die Autorität des Gesetzgebers; Gott sagt: „Wenn ihr die Ernte eures Landes einbringt, sollst du das Feld nicht bis zum äußersten Rand abernten. Du sollst keine Nachlese von deiner Ernte halten. In deinem Weinberg sollst du keine Nachlese halten und die abgefallenen Beeren nicht einsammeln. Du sollst sie dem Armen und dem Fremden überlassen. Ich bin der HERR, euer Gott" (Levitikus 19,9–10). Die Ränder der Felder stehen denen zu, die am Rand der Gesellschaft stehen – und darüber hinaus gehören die bei der Ernte übersehenen Erträge nicht dem Besitzer des Feldes. Generell erklärt das Gesetz die Besitzverhältnisse des Landes in einer zweischichtigen Art. Zuerst wird ganz Israel angesprochen, da alles Land dem Volk als Gesamtheit gehört: „Ihr". Sodann folgt die persönliche Anrede, die dem Feldbesitzer die Nachlese verbietet: „Du". Israel und jeder Einzelne ist verantwortlich für die Bedürftigen. Sowohl die Nachlese auf den Feldern als auch die in den Weinbergen steht den Armen und Fremden zu. Darüber hinaus ist das am Boden liegende Fallobst der Besitz der Bedürftigen. Weder soll das am Boden liegende weggeworfen werden noch Teil der Ernte sein. Das Buch Deuteronomium gibt für ein solches Handeln eine theologische Motivation: „[...] damit der HERR, dein Gott, dich bei jeder Arbeit deiner Hände segnet“ (Deuteronomium 24,19). Zur Sicherung des Wohlstands gehört es, Anteil am eigenen Wohlstand zu gewähren – und dieses Gebot ist nicht nur auf die Mitmenschen begrenzt, sondern auf die gesamte Schöpfung ausgeweitet.

Tierethik

Die Tierwelt ist für viele Menschen in den Industrieländern, gerade in den Städten, nicht mehr alltäglich und zugleich ist der Umgang mit Nutztieren oft völlig den marktwirtschaftlichen Zwängen untergeordnet. Es fehlt die Konfrontation mit dem Leben der Tiere, um über die Tierwelt als Bestandteil der Menschenwelt nachzudenken. Das Alte Testament wurde in einer Zeit geschrieben, in der vor allem Schaf- und Ziegenherden die Hauptlebensgrundlage der agrarischen Gesellschaft bildeten. Dieses Angewiesen-Sein auf die Tierzucht führte zu einer hohen Wertschätzung. Gott erschuf gemäß dem zweiten Schöpfungsbericht die Tiere als Hilfe für den Menschen: „Dann sprach Gott, der HERR: Es ist nicht gut, dass der Mensch allein ist. Ich will ihm eine Hilfe machen, die ihm ebenbürtig ist. Gott, der HERR, formte aus dem Erdboden alle Tiere des Feldes und alle Vögel des Himmels und führte sie dem Menschen zu, um zu sehen, wie er sie benennen würde. Und wie der Mensch jedes lebendige Wesen benannte, so sollte sein Name sein“ (Genesis 2,18–19). Ebenso wie der Mensch wurden die Tiere aus dem Ackerboden geformt, aber sie sind dem Menschen doch untergeordnet. Gott schafft sie für den Menschen und die Benennung der Tiere durch den Menschen zeigt, dass er über sie verfügt. Sie werden für den Menschen zwar als „Hilfe, die ihm entspricht“, geschaffen, aber diesen Sinn können sie nicht erfüllen. Nur die Frau ist dem Menschen in diesem Sinne eine Hilfe, indem sie ihm gleichwertig ist.

Bereits im ersten Schöpfungsbericht (Genesis 1,1–2,3) zeigt sich, dass die Tiere und die Menschen nicht gleichberechtigt sind. Gott beauftragt den Menschen, über die Tierwelt zu herrschen: „Dann sprach Gott: Lasst uns Menschen machen als unser Bild, uns ähnlich! Sie sollen walten über die Fische des Meeres, über die Vögel des Himmels, über das Vieh, über die ganze Erde und über alle Kriechtiere, die auf der Erde kriechen. [...] Gott segnete sie und Gott sprach zu ihnen: Seid fruchtbar und mehrt euch, füllt die Erde und unterwerft sie und waltet über die Fische des Meeres, über die Vögel des Himmels und über alle Tiere, die auf der Erde kriechen!“ (Genesis 1,26.28). Als Abbild und Stellvertreter Gottes soll der Mensch über die Tierwelt herrschen. Damit ist – wie wir bereits oben gesehen haben – kein Unterdrücken und kein Ausbeuten gemeint – der Mensch ist aufgefordert, als gerechter König über die Tiere zu herrschen. Im Buch der Weisheit wird dieser Auftrag an den Menschen folgendermaßen interpretiert: „Den Menschen hast du durch deine Weisheit bereitet, damit er über deine Geschöpfe herrscht. Er soll die Welt in Heiligkeit und Gerechtigkeit leiten und Gericht halten in rechter Gesinnung" (Weisheit 9,2–3). Der Mensch trägt somit Verantwortung für die Tiere, sie sind seiner Fürsorge übergeben. Gemäß Genesis 1,29 sollten die Menschen anfangs sogar Vegetarier sein und erst nach der Sintflut, also nachdem Noach unter anderem die Tiere gerettet hatte, erlaubt Gott, die Tiere zu essen (Genesis 9,3). Aber selbst der Wandel des Menschen zum Fleischesser mindert die Würde der Tiere nicht. Zwar legt Gott Furcht und Schrecken vor den Menschen auf die Tiere" (Genesis 9,2–3), aber der Bund Gottes mit den Menschen gilt auch den Tieren: „Dann sprach Gott zu Noach und seinen Söhnen, die bei ihm waren: Ich bin es. Siehe, ich richte meinen Bund auf mit euch und mit euren Nachkommen nach euch und mit allen Lebewesen bei euch, mit den Vögeln, dem Vieh und allen Wildtieren der Erde bei euch, mit allen, die aus der Arche gekommen sind, mit allen Wildtieren der Erde überhaupt. Ich richte meinen Bund mit euch auf: Nie wieder sollen alle Wesen aus Fleisch vom Wasser der Flut ausgerottet werden; nie wieder soll eine Flut kommen und die Erde verderben" (Genesis 9,8–11).

Als Geschöpfe Gottes stehen auch die Tiere unter dem besonderen Schutz Gottes und es gibt Gesetze, die die Rechte des Menschen gegenüber den Tieren einschränken. So darf zum Beispiel einem Ochsen beim Dreschen kein Maulkorb angelegt werden (Deuteronomium 25,4). Ebenso wie einem menschlichen Arbeiter steht auch einem Nutztier sein Lohn zu. Dem arbeitenden Tier soll ein Teil des Ertrags seiner Arbeit zukommen und nicht um der Gewinnmaximierung willen verweigert werden. Weder die Arbeitskraft eines Menschen noch eines Tieres soll ausgebeutet werden. In den Zehn Geboten ist der Ruhetag für alle Menschen und für die Tiere fest verankert: „Der siebte Tag ist ein Ruhetag, dem HERRN, deinem Gott, geweiht. An ihm darfst du keine Arbeit tun: du und dein Sohn und deine Tochter und dein Sklave und deine Sklavin und dein Rind und dein Esel und dein ganzes Vieh und dein Fremder in deinen Toren. Dein Sklave und deine Sklavin sollen sich ausruhen wie du“ (Deuteronomium 5,14, siehe auch Exodus 20,10). Nach den Zehn Geboten soll der Ruhetag zu Ehren Gottes eingehalten werden. Im Buch Exodus findet sich aber auch noch eine zweite Begründung: „Sechs Tage kannst du deine Arbeit verrichten, am siebten Tag aber sollst du ruhen, damit dein Rind und dein Esel ausruhen und der Sohn deiner Sklavin und der Fremde zu Atem kommen“ (Exodus 23,12). Der Ruhetag dient auch dem Schutz der Arbeitstiere. Der Mensch kann nicht grenzenlos über die Tiere verfügen, sondern muss Gott zu Ehren und den Tieren zum Schutz den Ruhetag einhalten.

Sowohl der Mensch als auch die Tiere unterstehen der Herrschaft Gottes. Die Herrschaft Gottes schließt nicht aus, dass die Tiere auch gegessen werden dürfen. Aber in den Gesetzen spiegelt sich auch ein gewisser Respekt vor dem Leben der Tiere wider. So darf man, wenn man ein

Nest findet, zwar die Jungen herausnehmen, aber die Vogelmutter soll man unbeschadet lassen (Deuteronomium 22,6–7); und das neugeborene Vieh darf frühestens acht Tage nach der Geburt geopfert werden, da es mindestens sieben Tage bei seiner Mutter bleiben soll (Levitikus 22,27). Der Umgang mit den Tieren zeigt, wie ernst die Menschen ihre Verantwortung als Stellvertreter Gottes auf der Welt nehmen – in den Worten des Buches der Sprichwörter: „Der Gerechte weiß, was sein Vieh braucht, doch das Herz der Frevler ist hart" (Sprichwörter 12,10). Aber weiß der Stellvertreter Gottes auf Erden, wie er gerecht und gut in seinem Wohlstand über die Schöpfung Gottes herrscht?

Reich an Armut

Vom Reichtum zum gerechten Lohn

Wirtschaftskrise, Niedrigzins, Armutsgrenze, Grundeinkommen und die Frage nach der sozialen Gerechtigkeit sind Schlagwörter der ökonomischen Gegenwart. Zu ihr gehört ein grundlegendes Prinzip: Wer Geld hat, der will, dass sich sein Geld vermehrt. Das ist das Prinzip des kapitalistischen Finanzsystems und das ist der Grund, warum man sich als Sparer über niedrige Zinsen ärgert. Wer Kapital besitzt, ist immer auf der Suche nach einer profitablen Geldanlage. Man könnte als Antwort darauf die biblische, kapitalismuskritische Keule schwingen und rufen: „Niemand kann zwei Herren dienen; er wird entweder den einen hassen und den andern lieben oder er wird zu dem einen halten und den andern verachten. Ihr könnt nicht Gott dienen und dem Mammon“ (Matthäus 6,24). Aber es gibt auch einen Satz aus dem Munde Jesu in der Bibel, der dem Stammbuch der freien Marktwirtschaft entnommen sein könnte: „Ich sage euch: Wer hat, dem wird gegeben werden; wer aber nicht hat, dem wird auch noch weggenommen, was er hat" (Lukas 19,26). In diesem Satz findet sich scheinbar keine Gerechtigkeit: Die Reichen werden reicher, die Armen werden ärmer. Dennoch ist dieser Satz die Zusammenfassung des von Jesus in Lukas 19,11–27 erzählten Gleichnisses – einem Gleichnis, das den Sparer lehrt, sein Geld besser auf der Bank verzinsen zu lassen, als es unter der Matratze zu verstecken.

Das Gleichnis des Kapitalismus

Ein reicher Mann gibt seinen Dienern je eine „Mine". Eine Mine, das ist eine Größenangabe innerhalb des griechischen Münzsystems und sie entsprach etwa 100 Denar. Zur Zeit des Neuen Testaments entsprach ein Denar ungefähr dem Tagelohn eines ungelernten Arbeiters (siehe Matthäus 20,1–15). Ein reicher Mann gab also seinen Dienern je ein Geldstück im Wert eines hundertfachten Tageslohns mit dem Auftrag: „Macht Geschäfte damit, bis ich wiederkomme!" (Lukas 19,13b).

Bei der Rückkehr des Herrn, kann einer der Diener eine Verzehnfachung des Guthabens vorweisen. Der Gewinn wird mit einer Belohnung honoriert durch den reichen Mann, der mittlerweile zum König geworden ist: „Da sagte der König zu ihm: Sehr gut, du bist ein guter Diener. Weil du im Kleinsten zuverlässig warst, sollst du Herr über zehn Städte werden" (Lukas 19,17). Ein zweiter Diener hat das ihm anvertraute Geld verfünffacht und wird mit fünf Städten dafür belohnt. Der dritte Diener hingegen hat keinen Gewinn erwirtschaftet, sondern hat das Geld sozusagen nur unter seine Matratze geschoben. Sein Handeln begründet er mit der Furcht vor dem Geldgeber: „denn ich hatte Angst vor dir, weil du ein strenger Mann bist: Du hebst ab, was du nicht eingezahlt hast, und erntest, was du nicht gesät hast" (Lukas 19,21). Der dritte Diener gewinnt nicht durch die Großzügigkeit seines Herrn, sondern wird bestraft. Der Herr befiehlt, ihm das anvertraute Geld wegzunehmen: „Nehmt ihm die Mine weg und gebt sie dem, der die zehn Minen hat!" (Lukas 19,24b). Wer mit ihm anvertrauten Geld spekuliert, wird davon profitieren – diese scheinbar unbiblische Aussage steht am Ende des Gleichnisses. Der Reiche wird reicher und der Arme wird ärmer.

Ohne Zweifel wird der „Mann von vornehmer Herkunft" – so wird er in Vers 12 eingeführt – in keinem positiven Licht geschildert. Das Gleichnis berichtet, dass ihn die Einwohner seines Landes hassten (Lukas 19,14). Der Grund für diesen Hass wird auch in den Worten des dritten Dieners an seinen Herrn sehr deutlich: „Du hebst ab, was du nicht eingezahlt hast, und erntest, was du nicht gesät hast" (Lukas 19,21). Diese Worte qualifizieren den vornehmen Mann als Ausbeuter, der sich am Besitz anderer bereichert. Ein solches ökonomisches Gebaren kritisiert bereits der Prophet Habakuk. Kapitalvermehrung, die auf Kosten von anderen geschieht, zerstört Solidaritätsbeziehungen: „Weh dem, der zusammenrafft, was nicht ihm gehört, wie lange noch? – und sich hohe Pfänder geben lässt. Werden nicht plötzlich die aufstehen, die dich beißen, und die aufwachen, die dich bedrängen? Dann wirst du zu ihrer Beute!" (Habakuk 2,6b–7). Aber der Diener im Lukasevangelium kritisiert nicht das Wirtschaften des Herrn, sondern er fürchtet sich vor seiner Strenge. Im Gleichnis selbst wird auch keine wertende Aussage darüber gemacht, wie die anderen Diener das Geld vermehrt haben. Es wird nur festgestellt, dass sich das Geld vermehrt hat. Das vom Sicherheitsdenken geprägte Handeln des dritten Dieners könnte als vernünftig angesehen werden. Aber das durch Angst geprägte Sicherheitsdenken steht im klaren Kontrast zum Auftrag an den Diener. Der Herr übergibt das Geld mit der Anordnung: „Macht Geschäfte damit, bis ich wiederkomme!“ (Lukas 19,13b). Die Anweisung ist klar und zugleich weiß der Diener, dass der Herr ein strenger Mann ist. Daher kann einen die Bestrafung nicht verwundern. Der Vorwurf gegen den Diener ist zudem ökonomisch völlig berechtigt: „Warum hast du dann mein Geld nicht auf die Bank gebracht? Dann hätte ich es bei der Rückkehr mit Zinsen abheben können“ (Lukas 19,23). Dieser Satz könnte der Werbung für eine Bank entstammen. Der Diener hat die schlechtmöglichste Geldanlage gewählt, die ihm zur Verfügung stand. Das Gleichnis lässt offen, wie der Herr mit seinem Diener verfahren wäre, wenn dieser alles riskiert und alles verloren hätte. Man darf beim Lesen des Gleichnisses auch nicht übersehen, dass es sich nicht um das Geld des Dieners, sondern um den Besitz des Herrn handelt.

Die Figur des Dieners dient nicht gut als Held des Gleichnisses. Sein Handeln ist falsch. Aber auch der Herr des Gleichnisses kann nicht als positive Person gesehen werden. Sozialökonomisch betrachtet, sind beide Helden eine Enttäuschung. Bevor Jesus mit seinen Jüngern nach Jerusalem zieht und seine Leidensgeschichte beginnt, erzählt er seinen Anhängern dieses Gleichnis vom anvertrauten Geld. Die Menschen glauben, dass das Gottesreich bevorsteht und auf diese Erwartungshaltung reagiert Jesus. Man darf also bei der Auslegung nicht vergessen, dass es um mehr geht als nur um die Frage nach dem richtigen ökonomischen Verhalten. Im Zentrum des Gleichnisses stehen zwei Aspekte: (1.) die Forderung, die der Herr an das Geld knüpft: Es soll vermehrt werden; (2.) die Vorsicht beziehungsweise Angst des Dieners, die ihn die falsche Entscheidung treffen lässt. Wie dies mit dem Gottesreich zusammenhängt, ist eine offene Frage: Wenn man den Herrn mit Gott oder dem wiederkommenden Jesus identifiziert, dann würde Gott als menschenfeindlicher Wucherer beschrieben. Positiv würde in dem Gleichnis die Verantwortung des Menschen für sein eigenes Verhalten vor Gott betont. Wenn man das Geld als Gabe Gottes versteht, ist die Moral von der Geschichte scheinbar klar: Der Mensch muss mit der Gabe Gottes – sei es der Glaube, seien es Talente – wirtschaften; sie ist kein ruhender Besitz, sondern muss lebendig wirken und sich vermehren. Ökonomisch betrachtet, spricht das Gleichnis in Lukas 19,11–27 auf andere Art und Weise in die heutige Zeit. Obwohl man als Leser oder Leserin sowohl den Herrn als auch den dritten Diener verurteilen kann, so sympathisiert man doch zugleich auch mit beiden. Auch wenn der Diener aus Angst handelt, kann man in ihm eine Verweigerung gegenüber kapitalistischer Raffgier entdecken.

Sein Handlungsdiktum „Sicherheit geht vor Gewinn“ ist sympathisch und erinnert an ältere Personen, die ihr Geld lieber unter der Matratze bewahren, als es einer Bank anzuvertrauen. Zugleich ist der Einwand seines Herrn berechtigt. Das Geld einfach rumliegen zu lassen, führt zu keinem Gewinn – modern gesprochen: Die Inflation frisst den Geldwert. Man will nicht wie der Herr sein, man will selbst nicht durch Ausbeutung seinen Gewinn vermehren. Aber man will auch nicht der Diener sein, der nur aus Angst das Geld nicht vermehrt und am Ende alles verliert. Allein der Vorwurf des Herrn ist daher von bestechender Logik: „Warum hast du dann mein Geld nicht auf die Bank gebracht? Dann hätte ich es bei der Rückkehr mit Zinsen abheben können“ (Lukas 19,23).

Reichtum ist gut

Ja, das Alte Testament spricht unbefangen positiv von Reichtum. Wichtige Figuren der Geschichte Gottes mit seinem Volk Israel waren reich. Der Verwalter Abrahams sagt über seinen Herrn: „Der HERR hat meinen Herrn reichlich gesegnet, sodass er zu großem Vermögen gekommen ist. Er hat ihm Schafe und Rinder, Silber und Gold, Knechte und Mägde, Kamele und Esel gegeben“ (Genesis 24,35). Von König Salomo wird berichtet, dass er eine Handelsflotte besaß, die ihm Gold, Silber, Elfenbein, Affen und Perlhühner in großen Massen einbrachte – und der Erzähler summiert: „So übertraf König Salomo alle Könige der Erde an Reichtum und Weisheit“ (1 Könige

10,23). Aber sowohl in Bezug auf Abraham als auch in Bezug auf Salomo ist der Reichtum jeweils relativiert.

Der Verwalter Abrahams führt das Reichsein seines Herrn direkt auf Gott zurück. Für Salomo erfüllt sich in seinem Wohlstand eine Zusage Gottes, der ihm Reichtum und Ehre versprochen hatte (1 Könige 3,13). Reich zu sein, ist keine Sünde. Ob ein Reicher sündigt, entscheidet sich darin, wie er in seinem Wohlstand handelt: „Mancher teilt aus und bekommt immer mehr, ein anderer kargt übers Maß und wird doch ärmer. Wer wohltätig ist, wird reich gesättigt, wer andere labt, wird selbst gelabt. Wer Getreide zurückhält, den verwünschen die Leute, wer Korn auf den Markt bringt, auf dessen Haupt kommt Segen" (Sprichwörter 11,24–26). Reichtum bringt Verderben, wenn man egoistisch nach innen gewendet lebt.

Das Beispiel mit dem Getreide und dem Korn verdeutlicht dies: Der Besitz von Korn und dessen Verkauf auf dem Markt wird als gut beurteilt. Besitz und seine Vermehrung sollen aber dem Gemeinwohl dienen. Kapitalistisch auf den Punkt gebracht: Der Markt profitiert, wenn alle am Markt teilnehmen. Der Kornbesitzer kann seine Ware tauschen oder gegen Geld verkaufen. Der Markt erhält Korn. Wenn der Kornbesitzer jedoch sein Getreide nicht zum Markt bringt, dann profitiert auch die Gemeinschaft nicht davon – und er selbst kann seine Ware nicht tauschen oder verkaufen. Allerdings funktionieren solche Marktregeln nur, wenn die Vermehrung von Reichtum nicht auf Kosten der Verarmung anderer erfolgt: „Wie ein Rebhuhn, das ausbrütet, was es nicht gelegt hat, so ist ein Mensch, der Reichtum durch Unrecht erwirbt. In der Mitte seiner Tage muss er ihn verlassen und am Ende steht er als Narr da" (Jeremia 17,11).

Gut der Gemeinschaft

Gerechtigkeit und Reichtum sind – in der Theorie zumindest – keine unversöhnlichen Gegensätze. Selbst in der christlichen Urgemeinde in Jerusalem gab es zwar eine Gütergemeinschaft, aber diese bedeutete nicht das Ende des Privatbesitzes. So besaß die Mutter von Johannes Markus ein eigenes Haus in Jerusalem (siehe Apostelgeschichte 12,12) und über die Urgemeinde in Jerusalem steht geschrieben: „Die Menge derer, die gläubig geworden waren, war ein Herz und eine Seele. Keiner nannte etwas von dem, was er hatte, sein Eigentum, sondern sie hatten alles gemeinsam" (Apostelgeschichte 4,32). Vielleicht steht im Hintergrund dieser Aussage und dieses Gemeindekonzepts eine Kuriosität der hebräischen Sprache. Die Sprache des Alten Testaments kennt kein Verb für „haben" im Sinne von „besitzen". Besitzverhältnisse werden durch einen Dativ-Partikel angezeigt. So kann in der Hebräischen Bibel nicht gesagt werden „Lot hatte Schafe und Rinder", sondern wörtlich übersetzt: „Dem Lot waren Schafe und Rinder" (Genesis 13,5). Somit wird ein Besitzverhältnis nicht vom Besitzer ausgehend definiert („er oder sie besitzt xy"), eine Sache oder ein Gegenstand wird dem Besitzer zugeordnet („xy gehört zu ihm oder ihr").

Für die christliche Urgemeinde galt nach dem Verfasser der Apostelgeschichte: Keiner beanspruchte, dass das Vermögen der Person nur „privat" sei – als Gegensatz zu „gemeinsam": griechisch κοινός (gesprochen: *koinos*); dass etwas also nur zur eigenen Verfügung gegeben sei. Der Besitz galt als ein der Gemeinschaft dienendes Gut. Was dies bedeutet, wird in der Apostelgeschichte am Beispiel des Ehepaars Hananias und Saphira erzählt (Apostelgeschichte 5,1–11). Als Gemeindemitglieder stand es ihnen frei, über ihren Besitz zu verfügen. Aber sie mussten sich für ihr Handeln nicht nur vor der Gemeinde, sondern auch vor Gott rechtfertigen. In der Beschreibung der Urgemeinde steht geschrieben: „Es gab auch keinen unter ihnen, der Not litt. Denn alle, die Grundstücke oder Häuser besaßen, verkauften ihren Besitz, brachten den Erlös und legten ihn den Aposteln zu Füßen. Jedem wurde davon so viel zugeteilt, wie er nötig hatte" (Apostelgeschichte 4,34–35). Ob diese Aussage eine spätere Idealisierung der Urgemeinde oder eine erprobte Praxis darstellt, lässt sich aus dem Text nicht erschließen. Die Erzählung über das Ehepaar verdeutlicht jedoch, dass es nicht darum geht, dass Gemeindemitglieder ihren gesamten Besitz verkaufen. Es wurde vielmehr als Ideal angesehen, dass sie einen Teil ihres Besitzes verkaufen, um der Gemeinde zu helfen: „Ein Mann namens Hananias aber und seine Frau Saphira verkauften zusammen ein Grundstück und mit Einverständnis seiner Frau behielt er etwas von dem Erlös für sich. Er brachte nur einen Teil und legte ihn den Aposteln zu Füßen" (Apostelgeschichte 5,1–2). Der griechische Text spricht hier nicht vom gesamten Besitz, sondern von „einem Besitztum" (κτῆμα, gesprochen: *ktema*). Den Erlös des Verkaufs übergibt das Ehepaar nicht vollständig der Gemeinde, sondern hält einen Teil des Geldes zurück für sich selbst. Ob es der Großteil des Erlöses oder nur ein kleiner Teil war, sagt der Text nicht. Es geht um die Unterschlagung als Handlung gegen die Gemeinschaft und damit gegen Gott: „Da sagte Petrus: Hananias, warum hat der Satan dein Herz erfüllt, dass du den Heiligen Geist belügst und von dem Erlös des Grundstücks etwas für dich behältst? Hätte es nicht dein Eigentum bleiben können und konntest du nicht auch nach dem Verkauf frei über den Erlös verfügen? Warum hast du in deinem Herzen beschlossen, so etwas zu tun? Du hast nicht Menschen belogen, sondern Gott" (Apostelgeschichte 5,3–4). Petrus verdeutlicht in seiner Reaktion, dass das Leben der Glaubenden in Gemeinschaft ehrliche Freiheit und ehrliche Freiwilligkeit voraussetzt. In den Worten wird deutlich, dass das Privateigentum nicht aufgehoben ist durch die Urgemeinde. Jedes Gemeindemitglied ist selbst verantwortlich für den richtigen Umgang mit seinem Besitz, um der Gemeinde zu dienen. Das Grundstück hätte im Besitz des Ehepaares bleiben können und auch den Erlös hätten sie für sich behalten können. Aber sie täuschen den Besitzverzicht nur vor und unterschlagen einen Teil des Erlöses. Der Grund für die folgende Strafe, den plötzlichen Tod sowohl des Ehemannes wie auch später der Ehefrau, liegt nicht im Reichtum, auch nicht darin, dass sie sich selbst bereichert haben. Sie sterben, weil sie gelogen haben um des Reichtums willen.

Im Idealfall ist das Verlangen nach Geld und Besitz dem

moralischen Pflichten untergeordnet: „Wer das Wort missachtet, erleidet Verlust, wer Ehrfurcht hat vor dem Gebot, macht Gewinn“ (Sprichwörter 13,13). Das Buch der Sprichwörter definiert das Gesetz Gottes als Zaumzeug, um das Verlangen zu kontrollieren. Dabei liegt dieser Weisheit einerseits eine besondere Ehrlichkeit zugrunde. Das hebräische Verb am Ende des Satzes ישלם (gesprochen: jeschulam) bedeutet hier „bezahlen, ersetzen, rückerstatten“. Das Befolgen des Gesetzes Gottes kann eine Beschränkung sein, die sich jedoch auszahlt. Dies ist aber andererseits zugleich eine Denkform, die allzu oft im täglichen Leben widerlegt wird. Dem, der Gutes tut, widerfährt nicht nur Gutes, und Armut gehört zur Menschheitsgeschichte ebenso dazu wie Reichtum.

Ausgezahlte Solidarität

Armut ist relativ. Im Alten Testament wird nicht definiert, was Armut im wirtschaftlichen Sinn bedeutet, sie wird als Ungleichgewicht gegenüber dem Reichtum beschrieben. Armut bedeutet, in Abhängigkeit zu geraten. Ein wichtiger Faktor, der zur Verarmung führte, war in damaliger Zeit das Kreditwesen. So kann im Buch der Sprichwörter der Gegensatz von reich und arm mit dem von Gläubiger und Schuldner identifiziert werden: „Der Reiche hat die Armen in seiner Gewalt, der Schuldner ist seines Gläubigers Knecht“ (Sprichwörter 22,7). Der Arme wird als Knecht des Reichen dargestellt. Der Reiche, dessen Reichtum ihn im Überfluss leben lässt, nimmt selbst von einem Armen noch Zinsen für einen Kredit und lässt ihn so zu seinem Schuldsklaven werden. Das alttestamentliche Recht sah die Schuldsklaverei als Möglichkeit vor: „Wenn dein Bruder, ein Hebräer – oder auch eine Hebräerin –, sich dir verkauft, soll er dir sechs Jahre dienen. Im siebten Jahr sollst du ihn als freien Mann entlassen" (Deuteronomium 15,12). Zugleich war es strikt verboten, von Armen Zinsen zu nehmen.

Das Buch Levitikus kennt für den Fall der Verarmung eines Israeliten eine klare Gesetzgebung: Wer verarmt, erhält einen Kredit, ohne Zinsen zahlen zu müssen: „Wenn dein Bruder verarmt und sich neben dir nicht halten kann, sollst du ihn, auch einen Fremden oder Beisassen, unterstützen, damit er neben dir leben kann. Nimm von ihm keinen Zins und Wucher! Fürchte deinen Gott und dein Bruder soll neben dir leben können" (Levitikus 25,35–36). Diese Bibelstelle zielt auf eine Solidarität innerhalb des Volkes Israel: Keiner soll seiner Armut überlassen werden. Die Armut wird sehr plastisch beschrieben. Das hier mit „verarmt" übersetzte hebräische Wort ימוך (gesprochen: *jamuch*) bedeutet „herunterkommen": sozialer Abstieg. Dieses bildiche Wort wird umso deutlicher im Fortgang des Verses: „[...] und sich neben dir nicht halten kann". Wörtlich übersetzt heißt es: „[...] und seine Hand ins Wanken gerät bei dir". Die Hand ist hierbei das Symbol für die Selbständigkeit. Der Arme verliert seine Handlungsfähigkeit und ist auf die Hilfshandlung eines anderen angewiesen, der ihm durch seine Unterstützung das Leben ermöglichen soll; nicht nur das Überleben an sich, sondern das

Leben im Schutz des anderen („neben dir"). Das biblische Gesetz stellt den Armen in den Verantwortungsbereich des Helfenden. Wer ist nun der Bruder und wer ist der zur Hilfe Verpflichtete? Die Bezeichnung „Bruder" bezeichnet im Kontext des Buches Levitikus nicht nur den Bruder im familiären Sinn: Das Volk Israel wird als Familiensippe verstanden. Das Gesetz zielt auf die Solidarität der Israeliten untereinander. Aber der Text geht noch einen Schritt weiter: Auch einen „Fremden oder Beisassen" soll man unterstützen, wenn er verarmt. Die Begriffe „Fremder" und „Beisasse" bezeichnen eindeutig Nichtisraeliten. Das Gesetz fordert somit Solidarität und Hilfe auch über die Grenze des eigenen Volkes hinweg – und die Solidarität und Hilfe findet ihren Ausdruck darin, dass ein Kredit ohne Zinsen vergeben werden soll.

Gemäß der revidierten Einheitsübersetzung darf der Kreditgeber keinen „Zins und Wucher" nehmen. Ob die hebräische Sprache ein Wort für „Wucher" besitzt, ist umstritten. Wenn man die beiden verwendeten hebräischen Worte נשך (gesprochen: *neschech*) und תרבית (gesprochen: *tarbit*) betrachtet, scheint es sich eher um verschiedene Konzepte der Zinsnahme zu handeln. Das erste Wort leitet sich von dem Verb „abbeißen" ab und das zweite Wort von dem Verb „vermehren". Es wird vermutet, dass bei der Vergabe der erstegenannten Form des Kredits ein bereits um die Zinsen verringerter Betrag ausgezahlt, das heißt „abgebissen", wurde, während bei Abbezahlung der vollständige Kreditbetrag zurückgezahlt werden musste. Die zweite Art des Zinses stellt wohl hingegen die heute bekannte Form von Zinsen dar: Der Kreditbetrag muss mit einem Zuschlag – also vermehrt – zurückgezahlt werden. In der Bibelstelle wird deutlich, dass auf keine Weise dem Kreditgeber ein Gewinn durch die Kreditvergabe zukommen darf. Der Zweck des Kredites ist nicht der materielle Gewinn des Kreditgebers, sondern der Nutzen für den Kreditempfänger: „damit er neben dir leben kann".

Göttliche Solidarität

Die Armen sind im alttestamentlichen Recht besonders geschützt (siehe Exodus 23,6) und in den prophetischen Mahnreden wird das Strafgericht über Israel aufgrund der Unterdrückung der Armen angekündigt (siehe Jeremia 5,26–28). Aus der Sicht des Sprichwörterbuchs definiert das Verhalten eines Menschen gegenüber einem Armen gar die Gottesbeziehung: „Wer den Geringen bedrückt, schmäht dessen Schöpfer, ihn ehrt, wer Erbarmen hat mit dem Bedürftigen" (Sprichwörter 14,31). Armut soll die Würde des Geschöpfes Gottes nicht mindern, auf diesem Fundament der Schöpfungstheologie soll vielmehr sozial-ethisches Verhalten basieren. Armut wird nicht hingenommen, sondern mit „Erbarmen" behandelt – denn Gott steht auf der Seite der Armen und ist ihr Beschützer: „Mit all meinen Gliedern will ich sagen: HERR, wer ist wie du? Du entreißt den Schwachen dem, der stärker ist, den Schwachen und Armen dem, der ihn ausraubt" (Psalm 35,10). Aus dieser Option für die Armen, für die Gott steht und die von den Menschen eingefordert wird, entwachsen die Sozialgesetze der Tora, die der Eindämmung von Armut dienen sollen. Die Schwäche der Armen darf nicht ausgenutzt werden (Exodus 22,20–21) und Reichtum wird umverteilt.

Zum einen zahlten die Israeliten den sogenannten Zehnten. Der Zehnte ist eine Steuer, die nach Deuteronomium 14,22–23 von allen land- und viehwirtschaftlichen Erträgen jährlich zum Tempel gebracht werden musste. Durch diese Abgabe wurde der Tempeldienst sowie das Bildungswesen finanziert und zugleich die Ausländer, Witwen und Waisen, die sogenannten *personae miserae* des Volks, versorgt (Deuteronomium 26,12). Zudem kommt den Armen das sogenannte „Recht der Armen" (Exodus 23,6) zu, das in Psalm 72 zum Regierungsprogramm für den König erklärt wird. Die Kernaufgaben des Königs werden in Vers 4 klar benannt: „Er schaffe Recht den Elenden des Volks, er rette die Kinder der Armen, er zermalme die Unterdrücker."

Es geht um Gerechtigkeit, Hilfe für die Ärmsten der Armen und die Schaffung eines sozialen Gleichgewichts ohne unterdrückerische Strukturen. Der enge Zusammenhang zwischen der Bekämpfung der Armut und Gerechtigkeit zeigt sich im hebräischen Wort צדקה (gesprochen: *zedaka*), das bis heute Almosen bezeichnet und zugleich „Gerechtigkeit" bedeutet. Gerechtigkeit ist im Alten Testament das Prinzip der Weltordnung, das unter anderem einen sozialen Ausgleich schafft. Ohne Gerechtigkeit wankt die Welt in ihren Grundfesten. In Psalm 82,5 verurteilt Gott die anderen Götter, weil sie sich nicht um das Recht der Armen gekümmert haben: „Wie lange noch wollt ihr ungerecht richten und die Frevler begünstigen? Verhelft zum Recht den Geringen und Waisen, dem Elenden und dem Bedürftigen schafft Gerechtigkeit! Befreit den Geringen und Armen, entreißt sie der Hand der Frevler!" (Psalm 82,2–4). Aber die Einsicht in diese notwendige Gerechtigkeit fehlt den anderen Göttern und der Beter muss feststellen: „Sie erkennen nicht, verstehen nichts, sie wandeln umher in Finsternis. Alle Grundfesten der Erde wanken" (Psalm 82,5). In einer gerechten Gesellschaftsordnung darf die Armut nicht zunehmen, sie muss bekämpft werden, damit die Gesellschaft auf einem stabilen Fundament steht.

Gerechter Lohn

Vollzeit, unbefristet und sozialversichert – mit diesen Stichwörtern könnte man eine gerechte Ordnung der Arbeitswelt in einer Gesellschaft beschreiben. Aber eine solche Absicherung haben nur noch 60% der Arbeitnehmer in Deutschland. Die Gründe, warum Arbeitnehmer Teilzeit arbeiten, Minijobs versehen oder sich als Leiharbeiter über Wasser halten, sind vielfältig. Zum Teil sind es persönliche Gründe – etwa familiäre Verhältnisse oder Ausbildungsdefizite –, zum Teil liegt es an den Interessen der Wirtschaft, flexiblere und billigere Arbeitsverhältnisse zu nutzen. Wirtschaftlich geht es Deutschland gut, aber dennoch leben viele Menschen in prekären Arbeitsverhältnissen. Was ist ein gerechter Lohn? Diese Frage ist kompliziert. Subjektiv betrachtet meinen gut drei Viertel der deutschen Arbeitnehmer, dass sie ungerecht entlohnt werden. Manch einer fühlt sich eher als Ausgebeuteter, denn als freier Arbeitnehmer.

Im Alten Testament wird sprachlich kaum zwischen einem freien Arbeiter und einem Sklaven unterschieden. Beides kann unter dem Wort עבד (gesprochen: *äved*) zusammengefasst werden. Der Lohn eines Sklaven bestand in alttestamentlicher Zeit wahrscheinlich nur in der täglichen Mahlzeit sowie Unterbringung und Kleidung (Exodus 21,2.10), während Lohnarbeitern über das Existenzminium hinaus noch ein echter Lohn zum Leben gezahlt wurde. Im Buch Deuteronomium heißt es zum Umgang mit Sklaven: „Halt es nicht für eine Härte, wenn du ihn als freien Mann entlassen musst; denn was er in den sechs Jahren für dich erarbeitet hat, entspricht dem, was du einem Tagelöhner als Lohn hättest zahlen müssen. Dann wird der HERR, dein Gott, dich in allem segnen, was du tust" (Deuteronomium 15,18). Dies bedeutete jedoch nicht, dass freie Lohnarbeiter gut gestellt waren. Der Lohn war niedrig und die Arbeitsverhältnisse wahrscheinlich häufig schlecht. Im Buch Maleachi wird das Lohndrücken beklagt. Es wird bewusst als soziale Unterdrückung gebrandmarkt und Gott erhebt Anklage gegen die ausbeutenden Arbeitgeber (siehe Maleachi 3,5). Aber das Alte Testament berichtet auch von angemessener und pünktlicher Bezahlung (siehe Esra 6,8; Ijob 31,39).

Das Buch Deuteronomium formuliert einen eindringlichen Appell: „Du sollst einen notleidenden und armen Tagelöhner unter deinen Brüdern oder unter den Fremden, die in deinem Land innerhalb deiner Stadtbereiche wohnen, nicht ausbeuten. An dem Tag, an dem er arbeitet, sollst du ihm auch seinen Lohn geben. Die Sonne soll darüber nicht untergehen; denn er ist in Not und lechzt danach. Dann wird er nicht den HERRN gegen dich anrufen und es wird keine Strafe für eine Sünde über dich kommen" (Deuteronomium 24,14–15). Der hebräische Text lässt sich auf zwei verschiedene Arten lesen. Nach der Aufforderung „Du sollst nicht ausbeuten" folgen drei hebräische Nomen: שכיר עני ואביון (gesprochen: *sachir oni weäbijon*). Die letzten beiden Begriffe sind eindeutig und bezeichnen den Armen und den Bedürftigen. Das erste Wort kann sowohl „Lohn" als auch „Lohnarbeiter" bedeuten. So übersetzt die Septuaginta, die antike griechische Übersetzung des Alten Testaments, den Satz als Mahnung, einer armen und bedürftigen Person den Lohn nicht vorzuenthalten. Möglich ist es jedoch auch, den Lohnarbeiter in eine Reihe mit dem Armen und dem Bedürftigen zu stellen, ihn somit mit den sozial Schwachgestellten gleichzusetzen: „Du sollst den Lohnarbeiter, den Armen und den Bedürftigen nicht ausbeuten […]". Beide Lesearten sind möglich. In jedem Fall schützt das Gotteswort sowohl den Israeliten als auch den Nicht-Israeliten und Gott benennt sich selbst als Richter, der auf der Seite des Bedrückten steht.

Mit Gott gibt es kein Lohndumping und keinen ungerechtfertigten Lohnentzug. Ein gerechter Lohn muss auch den Lebenshaltungskosten entsprechen, damit der Lohn dem Arbeiter nicht in der Hand zerrinnt oder er ihn – mit dem Buch Haggai gesprochen – durch einen „löchrigen

Beutel" direkt wieder verliert (Haggai 1,6). Die gerechte Bezahlung ist ein schwieriges Thema, aber Lohn muss Leben ermöglichen. Arbeit muss sich lohnen: „Den Nächsten mordet, wer ihm den Unterhalt wegnimmt, und Blut vergießt, wer einem Lohnarbeiter den Lohn raubt" (Sirach 34,26–27).

Das Einkommen der Ameisen

Das Grundgesetz der Bundesrepublik Deutschland regelt ganz klar: Der Staat ist verantwortlich für die Sicherung des soziokulturellen Existenzminimums jedes Bürgers. Insofern klingt die Forderung nach einem bedingungslosen Grundeinkommen nicht wie eine Utopie, sondern wie eine zu diskutierende Alternative zur momentanen Form des Sozialstaates. Mit dem Buch der Sprichwörter könnte man den Befürwortern des bedingungslosen Grundeinkommens Faulheit vorwerfen, denn ist die Konsequenz des Grundeinkommens nicht, dass Faulheit bezahlt wird? „Geh zur Ameise, du Fauler, betrachte ihr Verhalten und werde weise!" (Sprichwörter 6,6). Die in Israel am weitesten verbreitete Ameisenart ist die Ernteameise (*messor semirufus*). Ihr ganzes Leben sammeln diese Ameisen Körner und bringen sie in die unterirdischen Nester, wo sie nach Pflanzenart sortiert und von den Schalen befreit werden. Die Samen werden dann verarbeitet, indem sie stundenlang zerkaut und mit Enzymen angereichert werden. So entsteht das sogenannte „Ameisenbrot", das die Grundnahrung dieser Ameisenart darstellt. Sie arbeiten aus eigenem

Antrieb, um zu leben. „Sie hat keinen Anführer, keinen Aufseher und Herrscher und doch sorgt sie im Sommer für Futter, sammelt sich zur Erntezeit Vorrat. Wie lang, du Fauler, willst du noch daliegen, wann willst du aufstehen von deinem Schlaf? Noch ein wenig schlafen, noch ein wenig schlummern, noch ein wenig die Arme verschränken, um auszuruhen. Da kommt schnell die Armut über dich, die Not wie ein bewaffneter Mann. Ein Nichtsnutz, ja ein Gauner, wer daherkommt mit Lügen im Mund, wer mit den Augen zwinkert, mit den Füßen deutet, Zeichen gibt mit den Fingern" (Sprichwörter 6,7–13). Die Arbeit bestimmt die Existenz der Ameise, ohne dass es ihr autoritär vorgeschrieben wird. Sie erarbeitet sich ihr Überleben und ihr Leben ist ihre Arbeit. Wenn man sie betrachtet, kann man laut des Buchs der Sprichwörter weise werden.

Wenn im Alten Testament von Weisheit (חכמה, gesprochen: chochmah) gesprochen wird, geht es nicht nur um eine intellektuelle Kompetenz, sondern ganz allgemein um durch Erfahrung gewonnene Erkenntnis. So gehören auch handwerkliche Fähigkeiten zur Weisheit (siehe z. B. Exodus 35,25–26 und Exodus 28,2–4). Weisheit ist handlungsorientiert, spiegelt sich in der Lebenspraxis des Menschen wider und zeigt sich in der dauernden Bemühung des Menschen.

Die Worte Jesu über die Lilien auf dem Feld und die Vögel am Himmel scheinen also nicht sehr weise zu sein und man könnte Jesus die Kritik aus dem Buch der Sprichwörter entgegenhalten. Im Matthäusevangelium sagt er: „Sorgt euch nicht um euer Leben, was ihr essen oder trinken sollt, noch um euren Leib, was ihr anziehen sollt! Ist nicht das Leben mehr als die Nahrung und der Leib mehr als die Kleidung? Seht euch die Vögel des Himmels an: Sie säen nicht, sie ernten nicht und sammeln keine Vorräte in Scheunen; euer himmlischer Vater ernährt sie. Seid ihr nicht viel mehr wert als sie? Wer von euch kann mit all seiner Sorge sein Leben auch nur um eine kleine Spanne verlängern? Und was sorgt ihr euch um eure Kleidung? Lernt von den Lilien des Feldes, wie sie wachsen: Sie arbeiten nicht und spinnen nicht. Doch ich sage euch: Selbst Salomo war in all seiner Pracht nicht gekleidet wie eine von ihnen. Wenn aber Gott schon das Gras so kleidet, das heute auf dem Feld steht und morgen in den Ofen geworfen wird, wie viel mehr dann euch, ihr Kleingläubigen! Macht euch also keine Sorgen und fragt nicht: Was sollen wir essen? Was sollen wir trinken? Was sollen wir anziehen? Denn nach alldem streben die Heiden. Euer himmlischer Vater weiß, dass ihr das alles braucht. Sucht aber zuerst sein Reich und seine Gerechtigkeit; dann wird euch alles andere dazugegeben. Sorgt euch also nicht um morgen; denn der morgige Tag wird für sich selbst sorgen. Jeder Tag hat genug an seiner eigenen Plage" (Matthäus 6,25–34). Als eine ökonomische Naivität wurden diese Verse kritisiert, die durch jeden verhungerten Spatzen wiederlegt werden kann. Aber es geht hier nicht um eine Minderung des Arbeitsethos und auch nicht um eine Aufforderung zur Faulheit. Es geht nicht darum, dass positives Kümmern und Sorgen falsch seien. Es geht um das Königreich Gottes. Einen Vers zuvor fordert Jesus eine klare Entweder-Oder-Entscheidung: „Niemand kann zwei Herren dienen; er wird entweder den einen hassen und den andern lieben oder er wird zu dem einen halten und den andern verachten. Ihr könnt nicht Gott dienen und dem Mammon" (Matthäus 6,24). Der Vergleich mit den Vögeln des Himmels und den Lilien des Feldes ist eine Ermutigung zur eigenen Indienststellung, zur Arbeit für das Königreich Gottes, zur Nachfolge Jesu. Weder die Vögel noch die Lilien sind „faul", ihre Arbeit besteht in der Verwirklichung dessen, wozu sie bestimmt sind. Für den Menschen bedeutet das nicht, dass ihm alles kostenlos zufallen wird, sondern dass er sich in der Befolgung des Willens Gottes seine „Schätze im Himmel" sammeln kann (Matthäus 6,19–21) und zugleich am Himmelreich Gottes auf Erden mitarbeitet.

Selbst im Paradies gab es kein bedingungsloses Grundeinkommen. Zwar waren Eva und Adam bestens durch Gott versorgt. Der Garten war mit köstlichen Früchten gefüllt. Aber der Mensch wurde nicht allein zum Essen in den Garten gesetzt: „Gott, der HERR, nahm den Menschen und gab ihm seinen Wohnsitz im Garten von Eden, damit er ihn bearbeite und hüte" (Genesis 2,15). Nachdem Adam und Eva im Paradies von der verbotenen Frucht gegessen hatten, verstellt ihnen Gott den Zugang zum Paradies und verheißt dem Menschen ein Arbeiterleben in Mühsal: „Im Schweiße deines Angesichts wirst du dein Brot essen, bis du zum Erdboden zurückkehrst; denn von ihm bist du ja genommen" (Genesis 3,19). Dieses düstere Lebensbild dramatisiert sich bei einem simplen Blick in die Welt, in der sich viele Menschen nicht einmal ihr Existenzminimum erarbeiten können. Darin unterscheidet sich die heutige Welt nicht von der biblischen. Realistisch verheißt Gott im Buch Deuteronomium seinem Volk vor dem Einzug ins verheißene Land, in dem Milch und Honig fließen: „Doch eigentlich sollte es bei dir gar keine Armen geben; denn der HERR wird dich reich segnen in dem Land, das der HERR, dein Gott, dir als Erbbesitz gibt und das du in Besitz nimmst, wenn du auf die Stimme des HERRN, deines Gottes, hörst, dieses ganze Gebot, auf das ich dich heute verpflichte, bewahrst und es hältst" (Deuteronomium 15,4–5). Es gibt in der Sozialgemeinschaft Israel, die unter dem Segen Gottes steht, eigentlich keinen Grund für Armut. Aber selbst im Angesicht des Segens ist das Gotteswort realistisch und wenige Verse später steht geschrieben: „Die Armen werden niemals ganz aus deinem Land verschwinden. Darum mache ich dir zur Pflicht: Du sollst deinem notleidenden und armen Bruder, der in deinem Land lebt, deine Hand öffnen" (Deuteronomium 15,11). Die Realität der Armut wird mit dem Willen und dem Gebot Gottes konfrontiert. Gott schafft die Armut nicht ab, sondern beauftragt die Gemeinschaft damit.

Die Sozialgemeinschaft trägt die Verantwortung dafür, dass Arbeit kein Elend verursacht und Armut gemindert wird. Das bedingungslose Grundeinkommen wäre eine Möglichkeit. In eine Diskussion darüber kann die Bibel unter anderem zwei wichtige Aspekte einbringen: (1.) Auch die Gewährung eines Grundeinkommens ist keine Wunderwaffe. Die Gleichheit im Empfang des Grundeinkommens darf nicht zu einer Blindheit für die sozialen Probleme innerhalb der Gesellschaft führen. Selbst Gottes Segen beendet die Armut nicht (siehe Deuteronomium 15,11). (2.) Im Weltbild der Bibel gehört die Arbeit zum Menschsein und sie prägt die Existenz. Selbst das Paradies war nur zum Preis der Arbeit zu haben und der Mensch konnte über es nicht bedingungslos verfügen (Genesis 2,15).

Grundgerechtigkeit

Karl Marx, der Theoretiker des Kommunismus, wollte „alle Verhältnisse umwerfen, in denen der Mensch ein erniedrigtes, ein geknechtetes, ein verlassenes, ein verächtliches Wesen ist"[7]. Nicht die Leistungen eines Menschen sollten seine Rechte konstituieren, sondern seine Bedürfnisse. Aus Marx' Theorien entwickelte sich jedoch ein Menschenbild, das zu sehr den Menschen als Gattung in den Fokus rückte und die Individualität und Freiheit eines jeden Einzelnen aus dem Blick verlor. Aus christlicher Perspektive ist Karl Marx' Ruf nach sozialer Gerechtigkeit dennoch als ein gewichtiges Echo der prophetischen Kritik zu würdigen, an die er anknüpfte.

Einer der größten Sozialkritiker der Bibel ist der Prophet Amos, dessen Theologie sich auch heute noch wie ein Manifest liest. So verurteilt er zum Beispiel Israel mit den Worten: „Weil sie den Unschuldigen für Geld verkaufen und den Armen wegen eines Paars Sandalen, weil sie den Kopf des Geringen in den Staub treten und das Recht der Schwachen beugen" (Amos 2,6–7). Der Prophet sieht, wie in seiner Gesellschaft die Schwachen ausgebeutet und die Armen zermalmt werden, und entwickelt als Gegenbild die Vision eines besseren Miteinanders der Menschen: „[...] das Recht ströme wie Wasser, die Gerechtigkeit wie ein nie versiegender Bach“ (Amos 5,24). Im Alten Testament ist Gerechtigkeit kein Abstraktum, sie entsteht nur als faktische Erscheinung in der Beziehung eines Menschen zu einem Anderen. Das in Amos 5,24 mit „Gerechtigkeit“ übersetzte hebräische Wort צדקה (gesprochen: *zedaka*) bezeichnet ein gemeinschaftstreues Verhalten gegenüber dem Einzelnen. Die Grundlage hierfür sind im Buch Deuteronomium die Gesetze Gottes: „Nur dann werden wir vor Gott im Recht sein [צדקה, also: „in Gerechtigkeit sein“], wenn wir darauf achten, dieses ganze Gebot vor dem HERRN, unserem Gott, so zu halten, wie er es uns zur Pflicht gemacht hat“ (Deuteronomium 6,25). So ist Gerechtigkeit nicht nur ein anzustrebendes Ideal, sondern ein Auftrag, der für die Unterdrückten und Ausgebeuteten einen Rechtsanspruch darstellt. Das Recht dient der Gerechtigkeit und die Gerechtigkeit bedarf eines juridischen Standards. Doch beides ist wertlos, wenn Recht und Gerechtigkeit nicht von Menschen für Menschen aufgerichtet werden. „Wenn du beobachtest, dass in der Provinz die Armen ausgebeutet und Gericht und Gerechtigkeit nicht gewährt werden, dann wundere dich nicht über solche Vorgänge: Ein Mächtiger deckt den andern, hinter beiden stehen noch Mächtigere“ (Kohelet 5,7).

Das Ideal der Gerechtigkeit ist eine der wichtigsten Stützen des gemeinschaftlichen Miteinanders. Aber was ist Gerechtigkeit? Der Aufruf zur Gerechtigkeit ist dem Christentum ins Stammbuch geschrieben. Aber was tun wir dagegen, dass kein Geschöpf und Ebenbild Gottes ein erniedrigtes, ein geknechtetes, ein verlassenes, ein verächtliches Wesen in dieser Welt sein muss? „Öffne deinen Mund für den Stummen, für das Recht aller Schwachen! Öffne deinen Mund, richte gerecht, verschaff dem Bedürftigen und Armen Recht!" (Sprichwörter 31,8–9). Das Leid anderer darf nicht schweigend hingenommen werden – dafür steht der wiederholte Aufruf, das Wort zu ergreifen. Im Buch der Sprichwörter ist in diesem Kapitel der König als gerechter Herrscher angesprochen. Er soll das Wort für den Stummen ergreifen, der im realen und im übertragenen Sinn keine eigene Stimme hat. Im damaligen Rechtssystem gab es keine Anwälte, die das Wort für einen geführt haben, sondern der Schwache war angewiesen auf den Schutz einer höherstehenden Person oder des Königs, der für den Schwachen das schützende Wort führen soll. Der Stumme wird mit dem hebräischen Ausdruck בני חלוף (gesprochen: *bnei chaluf*) benannt und mit „die Schwachen" wiedergegeben. Die Übersetzung dieses Ausdrucks ist umstritten, aber wahrscheinlich bedeutet er „Söhne [also Kinder] des Dahinschwindens" und bezeichnet eine Person, der die Lebenschance weggenommen wird. Dem, der keine Stimme hat, der aufgrund von Ungerechtigkeit dahinsiecht, bedürftig und arm ist, soll Gerechtigkeit widerfahren, indem für ihn das Wort ergriffen wird.

Es soll sich dabei um ein performatives Wort handeln. Die in Vers 9 verwendeten Verben stammen aus der Gerichtssprache und verlangen ein Richten, das Gerechtigkeit schafft. Die Stimme soll erhoben werden, nicht um Politik zu machen oder medienwirksam etwas gesagt zu haben. Die erhobene Stimme soll etwas verändern und den Leidenden zur Hilfe eilen – ein Auftrag, den das Buch der Sprichwörter nicht nur dem König ins Gewissen schreibt. Es gehört zur Weisheit, für die Gerechtigkeit die Stimme zu erheben und das Recht für die Stimmenlosen einzufordern.

Als das Buch der Sprichwörter im 2. Jahrhundert v. Chr. aus dem Hebräischen ins Griechische übersetzt wurde, wichen die Übersetzer am Anfang von Sprichwörter 31,8 deutlich vom im hebräisch vorliegenden Text ab: „Öffne deinen Mund für das Wort Gottes [...]". Vielleicht hat der Übersetzer das hebräische Wort für den „Stummen" (אלם, gesprochen: *illem*) als den Plural des Wortes für Gott (אלים, gesprochen: *elim*) verlesen, was er dann als die gebräuchliche Gottesbezeichnung אלהים (gesprochen: *elohim*) gedeutet hat. Wahrscheinlicher jedoch ist die Annahme, dass der Übersetzer hier bewusst in den Vers eingegriffen und den Maßstab für das rechte Handeln benannt hat. Der König soll seinen Mund nicht für sich oder seine Absichten öffnen, sondern zur Stimme des Wortes Gottes werden und den Willen Gottes in der Welt umsetzen. Es ist somit in der griechischen Übersetzung explizit das Wort Gottes, das durch den Menschen zur Stimme für die Schwachen, Bedürftigen und Armen werden will.

Die Grenze zum Fremden

Vom Flüchtling zur Gastfreundschaft

1951 wurde in der Genfer Flüchtlingskonvention definiert, wer gemäß internationalem Recht ein Flüchtling ist. Im ersten Artikel wird ein Flüchtling als eine Person definiert, die wegen ihrer Rasse, Religion, Nationalität, Zugehörigkeit zu einer bestimmten sozialen Gruppe oder wegen ihrer politischen Überzeugung in ihrer Heimat verfolgt wird und deshalb in ein anderes Land flieht. Menschen, die aus wirtschaftlichen Gründen aus ihrem Heimatland fliehen, sogenannte Elends- bzw. Wirtschaftsflüchtlinge, sind gemäß der Genfer Flüchtlingskonvention keine Flüchtlinge, sondern werden von den meisten Staaten als „illegale Einwanderer" bezeichnet.

Als ein solcher illegaler Einwanderer kann Abraham bezeichnet werden, der wegen einer Hungersnot aus dem verheißenen Land nach Ägypten floh: „Es kam aber eine Hungersnot über das Land. Da zog Abram nach Ägypten hinab, um sich dort als Fremder niederzulassen; denn die Hungersnot lastete schwer auf dem Land" (Genesis 12,10).

Die Bezeichnung „Fremder“ (גר, gesprochen: *ger*), die hier Abraham zugeschrieben wird, ist der Begriff in der Bibel, der dem modernen Rechtsbegriff „Flüchtling“ am ehesten entspricht. Sie umfasst Personen, die aufgrund von Hungersnot oder Krieg in ein anderes Land fliehen und sich dort niederlassen. Besonders auffallend ist, dass die Bibel den Fremden mehrfach als Objekt des israelitischen Rechts thematisiert: Der Fremde, der in Israel lebt, steht unter dem besonderen Schutz des göttlichen Rechtes – so heißt es zum Beispiel im Buch Levitikus: „Der Fremde, der sich bei euch aufhält, soll euch wie ein Einheimischer gelten und du sollst ihn lieben wie dich selbst; denn ihr seid selbst Fremde in Ägypten gewesen“ (Levitikus 19,34). Dem Fremden wird hier der Einheimische, der Bürger des Landes (אזרח, gesprochen: *esrach*) gegenüber- und gleichgestellt. Ihre Versorgung wird sogar gesetzlich abgesichert – so fordern, wie oben besprochen, die Gesetze im Buch Levitikus, dass auf den Feldern keine Nachlese betrieben werden darf, da die Früchte der Nachlese, den Armen und den Fremden zustehen (siehe Levitikus 19,10).

Rechtslage

Innerhalb der Gesetze ist der Fremde meistens nicht Gesetzessubjekt, das zur Gebotserfüllung aufgefordert wird, sondern Nutznießer von Geboten, die sich an den israelischen Vollbürger und die israelische Vollbürgerin richten. Generell gilt nach der Bibel: „Einen Fremden sollst du nicht ausnützen oder ausbeuten, denn ihr selbst seid im

Land Ägypten Fremde gewesen" (Exodus 22,20). Es handelt sich bei diesen Gesetzen nicht um moralische Imperative in der Form apodiktischer Forderungen, sondern um Gesetze vor dem Hintergrund der Geschichtserfahrung Israels. Das Buch Exodus, das die Befreiung Israels aus der Sklaverei in Ägypten erzählt, beginnt in Exodus 3,9 mit der Feststellung Gottes: „Jetzt ist die laute Klage der Israeliten zu mir gedrungen und ich habe auch gesehen, wie die Ägypter sie unterdrücken." Diese Erinnerung an die Unterdrückung in Ägypten soll Israel dazu führen, seinerseits nicht zum Unterdrücker zu werden, sondern die Fremden im eigenen Land wie Einheimische zu behandeln. Die Fremden ihrerseits werden darauf verpflichtet, die Gebote Israels zu halten – so heißt es zum Beispiel im Dekalog, den Zehn Geboten: „Der siebte Tag ist ein Ruhetag, dem HERRN, deinem Gott, geweiht. An ihm darfst du keine Arbeit tun: du und dein Sohn und deine Tochter, dein Sklave und deine Sklavin und dein Vieh und dein Fremder in deinen Toren" (Exodus 20,10).

Die Gesetze verdeutlichen, dass Fremde nicht am Rand der Gesellschaft stehen sollen, sondern ein Teil der Gesellschaft sind. Sie gehen gar soweit, dass dem Fremden erlaubt wird, Pessach, das jüdische Fest, das an die Befreiung Israels aus Ägypten erinnert, zu feiern, sofern er sich beschneiden lässt und somit in den Bund Gottes mit Israel eintritt (siehe Exodus 12,48). Die israelitische Gesellschaft muss nach den Gesetzen des Alten Testaments von Gastfreundschaft geprägt sein und den Fremden wohlwollend und beschützend aufnehmen. Zudem weisen Gottesworte in den prophetischen Büchern immer wieder auf die enge Verbindung zwischen Gott und den Fremden hin; Gott selbst wird als Richter auftreten gegen diejenigen, die den Fremden ihre Rechte verweigern: „Ich komme herbei, um euch zu richten; schnell trete ich als Zeuge auf gegen die Zauberer und die Ehebrecher, gegen die Meineidigen und gegen alle, welche die Taglöhner, Witwen und Waisen ausbeuten, den Fremden im Land ihr Recht verweigern und mich nicht fürchten, spricht der HERR der Heerscharen" (Maleachi 3,5).

Erzähltes Ideal

Die Gesetze und prophetischen Gottesworte finden in den biblischen Erzählungen ihr Spiegelbild. Bereits in den Gesetzen wird deutlich, dass sie in der Erzählung des Auszugs Israels aus Ägypten verankert sind. Bei genauerer Betrachtung fällt zudem auf, dass die gesamte Geschichte Gottes mit Israel entlang von Flüchtlingsschicksalen erzählt wird. Nicht nur Abraham, sondern auch Isaak flieht wegen einer Hungernot in ein anderes Land, um dort als Fremder zu leben (siehe Genesis 26,1–3). Mose sucht nach der Ermordung des ägyptischen Aufsehers als politischer Flüchtling Zuflucht bei den Midianitern (siehe Exodus 2,15). Der amtierende König Saul trachtete nach dem Leben des von Gott erwählten David; David sucht und findet politisches Asyl im Land Gat (siehe 1 Samuel 27,1–3). Abraham, der Urvater Israels, Mose, der Anführer Israels, und David, der bedeutendste König Israels, waren Fremde und Flüchtlinge. Die Geschichte Gottes mit Israel ist somit auch eine Geschichte Gottes mit den Fremden und den Flüchtlingen.

Diese Aussage wird im Neuen Testament sogar noch zugespitzt. Gott ist nicht nur Begleiter und Beschützer der Fremden und Flüchtlinge, sondern wird selbst zu einem von ihnen. Das Matthäusevangelium berichtet nicht nur, wie Jesus, der Sohn Gottes, als Neugeborenes in Bethlehem zur Welt gekommen ist, sondern berichtet auch, dass auf die Menschwerdung Gottes direkt die Flüchtlingsexistenz folgt. Nachdem die Sterndeuter dem Neugeborenen gehuldigt hatten, berichtet das Matthäusevangelium, dass Josef ein Engel mit einer warnenden Botschaft erschien: „Steh auf, nimm das Kind und seine Mutter und flieh nach Ägypten; dort bleibe, bis ich dir etwas anderes auftrage; denn Herodes wird das Kind suchen, um es zu töten" (Matthäus 2,13). Jesus Christus war ein Flüchtling und das gleiche Schicksal teilten seine ersten Jünger. Nach dem Tod Jesu wurden sie aufgrund ihrer religiösen Überzeugung verfolgt und flohen aus Jerusalem (siehe Apostelgeschichte 8,1).

Wenn man die Gesetze, Prophetenworte und Erzählungen der Bibel betrachtet, wird einem deutlich, dass die Bibel auch ein Buch über und für Fremde und Flüchtlinge ist. Abraham lässt sich mit den Elendsflüchtlingen der heutigen Zeit vergleichen. Jesus wäre ein Flüchtling gemäß der Genfer Flüchtlingskonvention. Politisch gilt es daher zu fragen, was die biblische Aufforderung, einen Fremden bzw. einen Flüchtling wie sich selbst zu lieben (siehe Levitikus 19,34), heute bedeutet.

Die Frage der Bibel trifft eine Welt, die von Grenzen umgeben ist. Abgrenzung und Abschottung sind Themen populärer Politik. Mancherorts glaubt man, dass die Welt nur durch unüberwindbare Grenzen gesichert werden kann. Stacheldraht und Schlagbäume werden zu neuen Hoffnungssymbolen einer begrenzten Zukunft. Ja, von alters her dienen Grenzen der Sicherheit und auch die Bibel kennt keine „grenzenlose" Gerechtigkeit.

Schlagbaum der Gerechtigkeit

Das hebräische Wort גבול (gesprochen: *gvul*), das gemeinhin mit „Grenze" übersetzt wird, bezeichnet sowohl die äußere Abgrenzung eines Gebiets als auch das umgrenzte Gebiet. Hierbei geht es nicht nur um die räumliche Trennung von Gebieten. Es geht immer auch um die Unterscheidung zwischen „innen" und „außen", um die Identitätswahrung und um die Markierung von Macht- und Besitzbereichen. Bereits der Schöpfung liegen Grenzen zugrunde. Psalm 104 beschreibt die Schöpfung als einen siegreichen Kampf Gottes gegen das Chaos, das im Wasser materialisiert ist. Die Urflut wurde von Gott in ihre Grenzen gewiesen: „Eine Grenze hast du gesetzt, die dürfen sie nicht überschreiten, nie wieder sollen sie die Erde bedecken" (Psalm 104,9). Nicht nur bändigen die klaren Grenzen die Gefahr, sie wandeln auch die Wasser zu erfrischenden Quellen: „Du lässt Quellen sprudeln in Bäche, sie eilen zwischen den Bergen dahin. Sie tränken alle Tiere des Feldes, die Wildesel stillen ihren Durst. Darüber wohnen die Vögel des Himmels, aus den Zweigen erklingt ihr Gesang" (Psalm 104,10–12).

Die Schöpfungsordnung basiert auf Grenzen. Gleiches gilt für die Gesellschaftsordnung. Der Privatbesitz wird durch das alttestamentliche Recht klar geschützt. Die Landverteilung Gottes gilt als unverrückbares Gesetz: „An deinem Erbbesitz, der dir in dem Land zugeteilt werden soll, das der HERR, dein Gott, dir gibt, damit du es in Besitz nimmst, sollst du die Grenzmarkierung zu deinem Nachbarn hin, die die Vorfahren errichtet haben, nicht verrücken" (Deuteronomium 19,14). Derjenige, der es wagt, Grenzen gewaltsam zu verrücken, wird mit einem Fluch belegt: „Verflucht, wer den Grenzstein seines Nachbarn verrückt" (Deuteronomium 27,17).

Befriedete Grenzen bedeuten Sicherheit. Dort, wo Grenzen nicht beachtet werden, herrscht Ungerechtigkeit; dort gilt das Gesetz des Stärkeren, gegen das Ijob seine Klage erhebt: „Jene verrücken die Grenzen, rauben Herden und führen sie zur Weide. Den Esel der Waisen treiben sie fort, pfänden das Rind der Witwe. Vom Weg drängen sie die Armen, es verbergen sich alle Gebeugten des Landes" (Ijob 24,1–4). Als erste Schandtat benennt Ijob das Verrücken von Grenzen und damit den Raub der Sicherheit und Freiheit. Es ist eine alte Weisheit, dass besonders für die Schwachen, die sich nicht verteidigen können, Grenzen überlebenswichtig sind. „Verschieb nicht die alte Grenze, dring nicht in die Felder der Waisen vor! Denn ihr Anwalt ist mächtig, er wird ihre Sache gegen dich führen" (Sprichwörter 23,10–11). Besonders Kinder, die den Schutz ihrer

Familie verloren haben – rechtlich allein in dieser Welt sind –, darf nicht auch noch das letzte Stück ihrer Freiheit genommen werden. Die Grenze dient als Schutz. Eine Grenze zu respektieren, bedeutet nicht einfach, sich einzuzäunen, sondern auch den Respekt vor der Grenze des oder der anderen zu wahren. Grenzen sollen das Chaos abhalten und sie sollen den Hilfsbedürftigen helfen. Eine Grenze ist ein Mittel der Gerechtigkeit – wenn jeder innerhalb seiner Grenzen sicher leben kann, dann sind Grenzen sinnvoll. Wer dem Chaos ausgeliefert ist, sehnt sich nach dem Schutz einer Grenze, die dem hilfsbedürftigen Menschen Sicherheit bietet.

Eine Grenze bietet keine Lösung für Not, Hilflosigkeit und Verzweiflung. Man darf sich nicht der Illusion hingeben, dass man einfach seine Haustür schließt und in heimatlicher Romantik auf dem Sofa eindösen kann. Europa muss sich fragen, was der Sinn von Grenzen ist. Was wäre erreicht, wenn die Löcher in den Grenzen gestopft wären? Was bedeutet es, wenn sich Europa selbst hermetisch begrenzt?

Das Gleichnis des Tors

Im Lukasevangelium erzählt Jesus den Pharisäern das Gleichnis vom reichen Mann und vom armen Lazarus (Lukas 16,19–31). Wie ein gutes Märchen beginnt die Erzählung: „Es war einmal ein reicher Mann, der sich in Purpur und feines Leinen kleidete und Tag für Tag glanzvolle Feste feierte. Vor der Tür des Reichen aber lag ein armer Mann namens Lazarus, dessen Leib voller Geschwüre war“ (Lukas 16,19–20). Der märchenhafte Anfang ist geprägt von Kontrasten: Auf der einen Seite ein reicher Mann, der das Leben genießen kann – auf der anderen Seite ein armer Mann. Auf der einen Seite wertvoller Purpur und feines Leinen – auf der anderen Seite ein Leib voller Geschwüre. Die Grenze zwischen beiden Kontrasten ist symbolisiert durch die Tür. Gemäß dem griechischen Text handelt es sich nicht um die Haustür zum Privatbereich, sondern eher um das Eingangsportal zum Grundstück des reichen Mannes (πυλών, gesprochen: *pylon*). Somit steht dieser Begriff auch für die Begrenzung des Besitzes. Die Frage, ob das Tor offen oder zu ist, definiert, wer Anteil an diesem Besitz haben darf. Anders als eine Mauer kann ein Tor verschlossen oder einladend offen sein – somit handelt es sich um eine Wahlmöglichkeit, die der reiche Mann besitzt. Der Text sagt, der arme Mann habe eine solche Wahl nicht. Er liegt nicht einfach vor dem Tor, sondern er ist dorthin gelegt – beziehungsweise wörtlicher –, dorthin geworfen worden (ἐβέβλητο, gesprochen: *ebebleto*). Aber auch wenn das Leid offensichtlich vor der eigenen Tür positioniert und ganz nah ist, sieht der reiche Mann im armen Lazarus doch nicht den Nächsten, dem seine Liebe gelten soll (siehe Lukas 10,25–37). Lazarus klagt den Akt der Nächstenliebe auch nicht ein. Auch geht es nicht um ein Umwerfen sozialer Schranken oder die Verurteilung von Reichtum. Im Leid erhofft sich der Arme nur den Tischabfall des Reichen. „Er hätte gern seinen Hunger mit dem gestillt, was vom Tisch des Reichen herunterfiel. Stattdessen kamen die Hunde und leckten an seinen Geschwüren" (Lukas 16,21). Er träumt von dem, was kein Tischgast mehr isst – was eigentlich den Hunden zufällt (siehe Matthäus 15,27). Aber anstatt, dass er sich mit den Hunden die Reste teilt, lecken die Hunde zur Nachspeise seine Geschwüre. Das Gleichnis verdeutlicht, dass Lazarus von dem reichen Mann keine Hilfe erhalten wird. Ihm kann im wahrsten Sinne des Wortes nur noch Gott helfen. Passenderweise leitet sich der Name Lazarus von dem hebräischen Namen אלעזר (gesprochen: *elʿazar*) ab, was übersetzt bedeutet: „Gott hat geholfen". In der Welt erfährt Lazarus keine Gerechtigkeit – aber nach seinem Tod.

Sowohl Lazarus als auch der reiche Mann sterben: „Es geschah aber: Der Arme starb und wurde von den Engeln in Abrahams Schoß getragen. Auch der Reiche starb und wurde begraben" (Lukas 16,22). Der reiche Mann erhält eine ehrenvolle Beerdigung. Ob Lazarus eine solche letzte Ehre im Diesseits erhalten hat, lässt das Gleichnis offen. Aber der Tod stellt die positive Wende dar. Von Engeln, den Boten und Dienern Gottes, wird Lazarus in den Schoß Abrahams getragen. Der Schoß ist ein Bild der liebenden Nähe (siehe Johannes 1,18 und 13,23). Der Erzvater Israels, mit dem die Geschichte des Volkes als Verheißung für alle Völker begann, versorgt Lazarus. Abraham, der nach Genesis 18 als ein Paradebeispiel für Gastfreundschaft gehandelt hat, versorgt den Armen. Das Schicksal des reichen Mannes ist nach dem Tod weniger angenehm: „In der Unterwelt, wo er qualvolle Schmerzen litt, blickte er auf und sah von Weitem Abraham und Lazarus in seinem Schoß. Da rief er: Vater Abraham, hab Erbarmen mit mir und schick Lazarus; er soll die Spitze seines Fingers ins Wasser tauchen und mir die Zunge kühlen, denn ich leide große Qual in diesem Feuer. Abraham erwiderte: Mein Kind, erinnere dich daran, dass du schon zu Lebzeiten deine Wohltaten erhalten hast, Lazarus dagegen nur Schlechtes. Jetzt wird er hier getröstet, du aber leidest große Qual" (Lukas 16,23–25).

Dem Reichen ging es schon zu Lebzeiten gut, daher muss er nun leiden. Eine solche Logik widerstrebt jedem westlichen Gerechtigkeitssinn. Aber es geht nicht um Reichtum, sondern um Barmherzigkeit. Der reiche Mann ruft Abraham um Hilfe an: „Vater Abraham, hab Erbarmen mit mir!" Bereits die Anrede verdeutlicht einen Anspruch, der jedoch im Angesicht Jesu aus sich heraus keine Berechtigung hat. Bereits Johannes der Täufer lehrte nicht die Ehre des Status, sondern das Ansehen aufgrund von Taten: „Bringt Früchte hervor, die eure Umkehr zeigen, und fangt nicht an, bei euch zu sagen: Wir haben Abraham zum Vater! Denn ich sage euch: Gott kann aus diesen Steinen dem Abraham Kinder erwecken" (Lukas 3,8). Dass der reiche Mann den Namen des Lazarus kennt – also auch sein Leid wahrgenommen und ihm zu Lebzeiten nicht geholfen hat –, zeigt seinen Mangel an rechtem Handeln, an wahrer Umkehr zum Guten. Er bittet um Erbarmen, hat sich aber selbst Lazarus nicht erbarmt. Die fehlende Barmherzigkeit hat aus der Nähe – nur getrennt durch ein Tor – eine unüberbrückbare Kluft geschaffen. „Außerdem ist zwischen uns und euch ein tiefer, unüberwindlicher Abgrund, sodass niemand von hier zu euch oder von dort zu uns kommen kann, selbst wenn er wollte" (Lukas 16,26). Zwischen Abraham und Lazarus auf der einen Seite und dem reichen Mann auf der anderen Seite ist ein unüberwindbarer Abgrund, der aufgrund der fehlenden Barmherzigkeit im Leben errichtet wurde. Die Qual des einen hat sich im Jenseits zum Trost gewandelt. Aus dem Genuss des anderen ist im Jenseits Qual geworden: „Selig, ihr Armen, denn euch gehört das Reich Gottes. [...] Doch weh euch, ihr Reichen; denn ihr habt euren Trost schon empfangen" (Lukas 6,20.24).

Im Gleichnis ist das Urteil über den Reichen gefallen: Er hat das Urteil im Leben durch sein irdisches Handeln selbst verursacht. Der vor sein Tor gelegte Lazarus bot die Möglichkeit, seine Barmherzigkeit zu zeigen. Stattdessen entschied sich der Reiche für das Nichthandeln. Aus der passiven Haltung entstand aktive Schuld. Der reiche Mann ist sich dieser Schuld bewusst und nimmt das Urteil an, aber will zumindest diejenigen im Diesseits retten, die für ihn seine Nächsten sind: „Da sagte der Reiche: Dann bitte ich dich, Vater, schick ihn in das Haus meines Vaters! Denn ich habe noch fünf Brüder. Er soll sie warnen, damit nicht auch sie an diesen Ort der Qual kommen" (Lukas 16,27–28). Zwar hat sich der reiche Mann aus seinem Egoismus gelöst und kümmert sich nun um andere – aber seine Perspektive zeigt eine eingeengte Wahrnehmung. Er kümmert sich um seine Angehörigen. Damit verhält er sich immer noch wie zu seinen Lebzeiten. Im Diesseits gab er ein Paradebeispiel für die Kritik Jesu an dem falschen Verständnis von Gastgeberschaft (siehe Lukas 14,12–14). Und auch im Jenseits denkt er nur an die Seinen und beantwortet die Frage „Wer ist mein Nächster?" (siehe Lukas 10,29) mit seinem begrenzten Horizont. Abraham erteilt dieser Fürsorge eine klare Absage: „Abraham aber sagte: Sie haben Mose und die Propheten, auf die sollen sie hören. Er erwiderte: Nein, Vater Abraham, aber wenn einer von den Toten zu ihnen kommt, werden sie umkehren. Darauf sagte Abraham zu ihm: Wenn sie auf Mose und die Propheten nicht hören, werden sie sich auch nicht überzeugen lassen, wenn einer von den Toten aufersteht" (Lukas 16,29–31).

Ethisch verantwortetes Handeln entsteht dort, wo der Mensch sein Handeln am anderen ausrichtet; wo Maßstäbe nicht willkürlich gesetzt, sondern angenommen, reflektiert und gelebt werden. Im christlichen Glauben richtet sich der Handlungsmaßstab am Neuen Testament aus, das auf dem Alten Testament fußt. Auch für Christinnen und Christen haben die alttestamentlichen Gesetze und die Auslegung durch die Propheten Relevanz. Das Evangelium vom Reich Gottes baut auf den Verkündigungen des Alten Testaments auf, wie es Jesus im Lukasevangelium selbst betont, kurz bevor er das Gleichnis vom reichen Mann und dem armen Lazarus erzählt: „Das Gesetz und die Propheten reichen bis zu Johannes. Von da an wird das Evangelium vom Reich Gottes verkündet und jeder drängt sich mit Gewalt hinein. Aber eher werden Himmel und Erde vergehen, als dass auch nur ein Häkchen im Gesetz wegfällt" (Lukas 16,16–17). Es geht im Gleichnis vom reichen Mann und dem armen Lazarus nicht um die Verurteilung von Reichtum, sondern um die Frage, wie man mit seinem Reichtum umgeht. Sowohl das Wort über die Unvergänglichkeit des alttestamentlichen Gesetzes und den Auslegungen der Propheten sowie das Gleichnis vom reichen Mann und dem armen Lazarus sind eine Reaktion Jesu auf die Pharisäer, die über seine Lehren lachten. Jesus hatte zuvor den rechten Umgang mit Reichtum verkündet (siehe Lukas 16,9–13) und Lukas beschreibt die Pharisäer eben als Menschen, „die sehr am Geld hingen" (Lukas 16,14). Reichtum und Wohlstand lassen sich nicht durch geschlossene Türen sichern, denn aus ihnen erwächst Verantwortung. Erst wenn Reichtum und Wohlstand kein Selbstzweck sind, sondern zu offenen Toren führen, verdient man sich das Himmelreich –nur dann hat man eine Chance, auf der anderen Seite des Abgrunds im Schoß Abrahams zu sitzen.

Fremdenliebe

Zwar gibt es diese Angst vor dem Fremden, der das Vertraute zu bedrohen scheint. Der Fremde wird von manchen zuerst als potenzieller Islamist, Sozialschmarotzer oder Wohlstandsbedroher gesehen, anstatt ihn als einen hilfsbedürftigen Menschen aufzunehmen. Dieser Angst vor dem Fremden stellt der Hebräerbrief die Forderung nach der Gastfreundschaft entgegen: „Vergesst die Gastfreundschaft nicht; denn durch sie haben einige, ohne es zu ahnen, Engel beherbergt!" (Hebräer 13,2). Die Forderung könnte einfach abgewunken und *ad acta* gelegt werden. Das deutsche Wort „Gast" verbindet man heute eher mit einem bezahlenden Hotelgast oder einer lieben Person, die man selbst eingeladen hat. Aber das Wort Gastfreundschaft hat eine andere Bedeutung. Das griechische Wort für Gastfreundschaft lautet φιλοξενία (gesprochen: *philoxenia*) und bedeutet wörtlich „Liebe (zum) Fremden", „Fremdenliebe". Gastfreundschaft bedeutet, den Fremden aufzunehmen. Es geht darum, denjenigen, den man nicht kennt, trotzdem willkommen zu heißen und ihn zu beherbergen. Die Begründung für diesen Rat zur Gastfreundschaft wirkt beinahe mystisch. Sie verweist zurück in das Alte Testament, in dem Abraham und Lot in Genesis 18–19 als Paradebeispiele für Gastfreundschaft dargestellt werden.

Die Erzählung in Genesis 18 ist durchaus verwirrend. Sie berichtet von einer Gotteserscheinung. Im ersten Vers heißt es: „Der HERR erschien Abraham bei den Eichen von Mamre [...]". Im nächsten Vers wird jedoch berichtet, dass Abraham nicht Gott, sondern drei Männern begegnet: „Er erhob seine Augen und schaute auf, siehe, da standen drei Männer vor ihm. Als er sie sah, lief er ihnen vom Eingang des Zeltes aus entgegen, warf sich zur Erde nieder und sagte: Mein Herr, wenn ich Gnade in deinen Augen gefunden habe, geh doch nicht an deinem Knecht vorüber!" (Genesis 18,2–3). Drei fremde Männer kommen zu Abraham. Er begrüßt sie, indem er ihnen entgegengeht und sich vor ihnen demütig niederwirft. Er bietet ihnen Wasser an, damit sie ihre Füße waschen können. Er lässt Brot für sie backen und lässt ein Kalb für sie zur Stärkung zubereiten. Ganz absichtslos gewährt Abraham seine Gastfreundschaft. Wie Abraham die drei Männer anredet, „mein Herr", führt den Leser der Einheitsübersetzung bereits auf die Fährte, dass diese drei Männer nicht einfach irgendwelche Fremden sind. Wie die weitere Erzählung offenbart, handelt es sich zumindest bei einem der drei Gestalten um Gott selbst (siehe Genesis 18,10). Im hebräischen Text gilt es jedoch zwischen der Anrede „mein Herr" (אדני – gesprochen: *adonai*) und der Verwendung des Gottesnamens JHWH ab Vers 13 zu unterscheiden, auch wenn diese Stelle in der Einheitsübersetzung ebenso mit „HERR" übersetzt wird.

Hebräisch ist eine Konsonantenschrift, der später – um den Textbestand zu sichern – eine Vokalisation hinzugefügt wurde. Etwa ab dem 6. Jahrhundert n. Chr. entwickelten jüdische Gelehrte die sogenannten Masoreten, ein System für Vokal- und Betonungszeichen, das die Aussprache und damit die Bedeutung des hebräischen Bibeltextes endgültig festlegte. Der Konsonantenbestand in Genesis 18,3 ermöglicht drei Verständnisvarianten. Man kann אדני als Anrede im Singular „mein Herr", im Plural „meine Herren" oder als Gottesanrede „mein HERR" lesen. Am unwahrscheinlichsten ist das Verständnis „meine Herren", da sich das Verb in Genesis 18,3 im Singular befindet. Die von den Masoreten eingefügte Vokalisation legt das Verständnis „mein HERR" nahe. Allerdings wäre eine solche Gottesanrede im Buch Genesis einmalig. Vom Kontext legt es sich eher nahe mit „mein Herr" zu übersetzen. Die Masoreten haben wohl von Genesis 18,1 her bereits in Genesis

18,3 theologisch betonen wollen: Es handelt sich um Gott, der zu Abraham kommt. Der Text offenbart dies aber bewusst erst in Genesis 18,13 durch die Verwendung des Gottesnamens. Die Szene in Genesis 18,2–9 stellt zuerst einmal Abraham als ein Volbild der Gastfreundschaft dar. Das Rätsel, wie Abraham in Genesis 18 Gott in drei Männern begegnen konnte, wird am Anfang des Folgekapitels aufgelöst. Genesis 18 schließt mit dem Satz: „Der HERR ging fort, als er aufgehört hatte, zu Abraham zu reden, und Abraham kehrte an seinen Ort zurück" (Genesis 18,33). Das folgende Kapitel, Genesis 19, schließt direkt daran an und beginnt mit dem Satz: „Die beiden Engel kamen am Abend nach Sodom. Lot saß im Stadttor von Sodom" (Genesis 19,1). Die drei Männer, die Abraham in seiner Gastfreundschaft aufgenommen hat, waren somit Gott und zwei Engel. Gestärkt durch Abraham ziehen die Engel weiter nach Sodom und treffen dort auf Lot, der unter Einsatz seines Lebens und des Lebens seiner Familie seine Gastfreundschaft anbietet und aufrechterhält (Genesis 19). Ob Abraham am Anfang der Geschichte wusste, dass die drei Männer nicht nur einfach drei Fremde sind, und ob Lot wusste, dass es zwei Engel waren, die er aufnahm, erzählen die beiden Geschichten nicht. Im Vordergrund steht die Handlung der absichtslosen Gastfreundschaft.

Im Neuen Testament wird die Gastfreundschaft zum allgemeinen Maßstab für die Frage: Wer ist ein guter Mensch? In der von Jesus in Matthäus 25,31–46 beschriebenen Weltgerichtszene werden die Gerechten gesegnet und der Menschensohn, der als König zu Gericht sitzt, begründet dies unter anderem mit folgenden Worten: „Denn ich war hungrig und ihr habt mir zu essen gegeben; ich war durstig und ihr habt mir zu trinken gegeben; ich war fremd und ihr habt mich aufgenommen [...]" (Matthäus 25,35). Aber keiner der Gerechten hat dem Menschensohn je direkt zu essen oder zu trinken gegeben oder ihn gar aufgenommen unter sein Dach. Das Kriterium des Gerichts ist in den Worten Jesu nicht das Handeln gegenüber Gott, sondern das Handeln gegenüber dem Mitmenschen: „Amen, ich sage euch: Was ihr für einen meiner geringsten Brüder getan habt, das habt ihr mir getan" (Matthäus 25,40).

Für die Bibel ist Gastfreundschaft eine ethische Verpflichtung. Es geht darum, in dem Fremden den Mitmenschen zu sehen und diese Person als Bruder oder Schwester zu behandeln. Im Angesicht des anderen soll Gott gesehen werden. Es geht darum, den Fremden mit Abraham entgegenzugehen und mit Lot für den Gast einzustehen. Dem, der hungrig ist, zu essen zu geben, dem, der durstig ist, zu trinken zu geben, den, der fremd und hilflos ist, aufzunehmen – das ist Gastfreundschaft. Dem, der Frieden und Freiheit sucht, Frieden und Freiheit zu schenken – das wäre eine angemessene Willkommenskultur. Selbst religiöse Grenzen können dann zu einladenden Türen werden, wie die Gesetze über den Fremden in Israel verdeutlichen.

Die Offenheit religiöser Feste und Feiern für Andersgläubige ist bereits im Buch Deuteronomium verankert. Der Festkalender in Deuteronomium 16 schreibt den Israeliten drei große Wallfahrtsfeste vor. Das erste Fest, das Paschafest, ist die Erinnerung an den Auszug Israels aus

Ägypten. Das Gesetz fordert die Feiernden dazu auf, sich mit der Generation des Exodus zu identifizieren: „Achte auf den Monat Abib und feiere dem HERRN, deinem Gott, das Pessach; denn im Monat Abib hat der HERR, dein Gott, dich nachts aus Ägypten geführt" (Deuteronomium 16,1). Nur, wer sich mit Israel identifiziert – also ein Teil des Volkes Israel ist –, kann dieses Fest feiern. Es ist die Vergegenwärtigung des Sklavendaseins in Ägypten und der Dankbarkeit für die Befreiung durch Gott. Die anderen beiden Feste im Festkalender des Buches Deuteronomium betonen die Dankbarkeit des Volkes Israel für den Besitz ihres Landes und dessen Ertrag. Im Kontext der Beschreibung des Wochenfestes, das in der Zeit der Weizenernte gefeiert wird, heißt es nach der Opferaufforderung: „Du sollst vor dem HERRN, deinem Gott, fröhlich sein, du, dein Sohn und deine Tochter, dein Sklave und deine Sklavin, auch die Leviten, die in deinen Stadtbereichen Wohnrecht haben, und die Fremden, Waisen und Witwen, die in deiner Mitte leben. Du sollst fröhlich sein an der Stätte, die der HERR, dein Gott, erwählen wird, indem er dort seinen Namen wohnen lässt" (Deuteronomium 16,11). In den folgenden Versen wird das dritte Fest beschrieben: das Laubhüttenfest, das das Ende der Erntezeit markiert – und auch in der Beschreibung dieses Festes heißt es: „Du sollst an deinem Fest fröhlich sein, du, dein Sohn und deine Tochter, dein Sklave und deine Sklavin, die Leviten und die Fremden, Waisen und Witwen, die in deinen Stadtbereichen wohnen" (Deuteronomium 16,14).

Sowohl das Wochenfest als auch das Laubhüttenfest

sollen somit auch zur Freude der Fremden gefeiert werden. Der Fremde ist zwar kein Israelit, er gehört zu einem anderen Volk und hat somit einen eigenen Gott und eine eigene Religion. Aber die Fremden sollen Anteil haben an der Freude des Volkes Israel an seinem Gott. Sie werden nicht dazu verpflichtet, dem Gott Israels zu opfern oder sonst einen Gottesdienst zu verrichten, sondern sollen sich erfreuen an dem Guten, das ihnen zuteilgeworden ist. Diese Freude ist jedoch nicht abstrakt, sondern geht aus von der Freude Israels über den Segen, den Gott seinem Volk schenkt. Aus Anlass des Wochenfestes und des Laubhüttenfestes sollen sich die Fremden mit Israel freuen. Da das Alte Testament bzw. das Volk Israel keinen Missionsauftrag hat, versteckt sich hinter dieser gemeinsamen Freude kein Hintergedanke – sondern die Idee, religiöse Freude über die Religionsgrenzen hinweg zu teilen, wo dies möglich ist. Bei diesem Ideal kennt auch das Gesetz im Buch Deuteronomium seine Grenzen. Bei dem im Festkalender zuerst genannten Fest wird der und die Fremde nicht erwähnt – und wenige Verse später wird zudem betont, dass der Kult Israels nicht durch Götzensymbole verunreinigt werden soll (siehe Deuteronomium 16,21–22). Es geht um eine Anteilhabe der Fremden an der Freude Israels – es geht nicht um Vereinnahmung des Fremden für Israel. Die Freude vereint, aber sie soll nicht vereinnahmen. Das Ziel ist eine Gastfreundschaft, die beidseitige Grenzen beachtet und doch gleichzeitig die Grenze zum Fremden überbrückt – das gilt für Christinnen und Christen nicht nur im Angesicht von Flüchtlingen, sondern das ist ein biblischer Auftrag.

Nächstenliebe die Heimat!

Vom Mitmenschen zur Überforderung

„Nächstenliebe muss örtlich begrenzt werden!" Oder: „Wenn man sie als eine Pflicht zum helfenden Handeln versteht und zugleich im ‚globalen Dorf' jeder Mensch mein Nächster sei, dann wäre dieses Gebot nicht nur unrealistisch, sondern eine unverantwortbare Überforderung."

So oder ähnlich lauteten mehrere Kommentare auf Facebook, nachdem ich einen Text über die Bedeutung der Nächstenliebe veröffentlicht hatte. Doch gegen alle Kritik bleibe ich dabei: Weil es in der Liebe keine Kompromisse gibt, ist die Nächstenliebe der Lackmustest christlicher Werttreue, der definiert, was christlicher Patriotismus ist. Ja, ein Christ und eine Christin kann sein und ihr Vaterland lieben und gerade dadurch das Gebot der Nächstenliebe erfüllen – aber in dieser Welt sind er und sie heimatlos.

Vaterland

Die Bibel beginnt mit einem doppelten Verlust der Heimat. Zuerst werden Adam und Eva aus dem Paradies verjagt und die Menschen finden ihre neue Heimat in der Welt. Sprachen und Länder entstehen. Aus dieser neuen Ordnung wird Abraham direkt wieder herausgerufen: „Der HERR sprach zu Abram: Geh fort aus deinem Land, aus deiner Verwandtschaft und aus deinem Vaterhaus in das Land, das ich dir zeigen werde!" (Genesis 12,1). Er soll sein Sprach- und Traditionsumfeld, in dem er lebt, verlassen. Er soll den Ort seiner Identität und die Sicherheit, die durch seine verwandtschaftlichen Verhältnisse gegeben sind, verlassen. Er folgt dem Ruf Gottes und gelangt so in das verheißene Land, in dem er selbst zu seinen Lebzeiten keine Heimat finden, sondern ein Fremder bleiben wird. Als es darum geht, für Isaak, den Sohn Abrahams und Saras, eine Frau zu finden, wird ein Knecht zurück zur Familie Abrahams geschickt (Genesis 24,1–5). Das verheißene Land wird nicht zur Heimat der Erzeltern. Der weitere Weg ihrer Nachkommenschaft führt nach Ägypten, wo sie als Fremde versklavt und zugleich zum Volk Israel werden. Gott verheißt seinem Volk das Land Kanaan nicht nur als dauerhaften Erbbesitz, sondern als Ort der Ruhe und des Friedens – als heile Welt. Sofern Israel während der Wüstenwanderung die offenbarten Gesetze einhält.

Ruhe kann von Gott nur gegeben werden, wenn die Gemeinschaft des Volks untereinander und mit Gott in einer guten Beziehung lebt. Das erste Buch der Könige erzählt, dass der Bau des Tempels durch Salomo zum Geschenk der Ruhe geführt hat (1 Könige 8,56). Aber die Königebücher erzählen auch, dass Israels Könige und das Volk sich immer wieder von Gott abwenden und am Ende das Land und der Tempel verlorengehen. Der Tempel wird von den Babyloniern zerstört und Israel wird ins Exil geführt. Psalm 137 spiegelt die Erinnerung wider, wie stark das „Heimatweh" der Exilierten war: „An den Strömen von Babel, da saßen wir und wir weinten, wenn wir Zions gedachten" (Psalm 137,1). Die Erinnerung an Zion bezieht sich hierbei nicht nur auf Jerusalem als Hauptstadt des davidischen Königtums, sondern vor allem auf den Wohnort Gottes (Psalm 48). Zion ist der Symbolort für die Beziehung des Volkes Israel zu seinem Gott.

Die biblische Erinnerung an das verheißene Land und an Zion als Gottesstadt sind keine Nostalgie, sondern Sehnsucht nach dem Ort der Verwirklichung von Beziehung – hier der Beziehung Gottes zu seinem Volk. Aus dem babylonischen Exil kehrte Israel wieder zurück in seine Heimat. In biblischer Zeit war dieser Besitz jedoch nur eine Episode, die nach verschiedenen Herrschaften in der Zerstörung des Tempels durch die Römer im Jahre 70 n. Chr. endete. Die Hebräische Bibel wurde danach für viele Juden zum tragbaren Vaterland und somit zur Identität und Heimat – ohne dass die Sehnsucht und Liebe zum Land Israel endeten.

Das Christentum aber ist nicht Israel. Es ist weder ein nationales Volk noch hat es ein Vaterland. Bereits Jesus trifft in seiner Heimatstadt Nazaret auf große Ablehnung, wie die Evangelien einstimmig belegen – worauf er im Evangelium nach Markus folgendermaßen reagiert: „Nirgends ist ein Prophet ohne Ansehen außer in seiner Heimat, bei seinen Verwandten und in seiner Familie" (Markus 6,4). Sich wundernd über den Unglauben in seiner Vaterstadt, wendet er sich von seinem Herkunftsort ab – wie Abraham wird er heimatlos in dieser Welt. Seine Jünger sendet er dann nach seiner Auferstehung ebenso in die Heimatlosigkeit, um in der ganzen Welt das Evangelium des Reiches Gottes zu verkünden. Die ersten Christinnen und Christen wurden zu Fremden. Paulus, der als Apostel dem Missionsaufruf von Damaskus bis nach Rom folgte, erkannte, dass Christinnen und Christen nur dort eine Heimat haben, wo der zu finden ist, dem sie nachfolgen: „Denn unsere Heimat ist im Himmel“ (Philipper 3,20; siehe auch Hebräer 11,14). Paulus verwendet in diesem Vers den griechischen Begriff πολίτευμα (gesprochen: *politeuma*), der das aus Bürgern bestehende Gemeinwesen bezeichnet. Dieses Bürgerrecht ist aber nicht einfach ein Besitz, sondern fordert einen bestimmten Lebenswandel ein, wie ein Blick auf den Anfang des Briefs an die Philipper verdeutlicht. Mit dem zu dem griechischen Wort für das bürgerliche Gemeinwesen gehörenden Verb (πολιτεύειν) fordert Paulus die Christinnen und Christen auf: „Lebt als Gemeinde [d.h. als bürgerliches Gemeinwesen] so, wie es dem Evangelium Christi entspricht“ (Philipper 1,27). Für einige Exegeten bezieht sich diese Forderung darauf, dass Christinnen und Christen als gute Bürgerinnen und Bürger im Staat wirken sollen. Andere beziehen diese Forderung auf die Kirchengemeinden als Anteilhabe am himmlischen Gemeinwesen. Egal, welcher Interpretation man zustimmt: Das eingeforderte Gemeinwesen ist kein Besitz, sondern ein Sein. Gefordert ist ein Lebenswandel, der sich am Evangelium vom Reich Gottes ausrichtet – in den Worten Papst Franziskus': „Wie man Christus nicht verstehen kann ohne das Reich, das zu bringen er gekommen war, so ist auch deine eigene Sendung untrennbar mit dem Aufbau jenes Reiches verbunden: ‚Sucht aber zuerst sein Reich und seine Gerechtigkeit' (Mt 6,33)" (Gaudete et Exsultate, 25). Die Texte des Neuen Testaments, im Besonderen die Barmherzigkeit und Gerechtigkeit fordernde Bergpredigt, dienen keinem begrenzten Gemeinwesen, sondern sind der Leitfaden, um das Reich Gottes aufzurichten. Weder Jesus noch seine Jünger waren ausgezogen, um einen weltlichen, vergänglichen Staat zu gründen, sondern um das Evangelium zu verkünden und es zu leben. Das verbietet nicht, sein Vaterland zu lieben, wie auch das II. Vatikanum im Konzilsdokument „Gaudium et spes" betont: „Die Staatsbürger sollen eine hochherzige und treue Vaterlandsliebe pflegen, freilich ohne geistige Enge, vielmehr so, dass sie dabei das Wohl der ganzen Menschheitsfamilie im Auge behalten, die ja durch die mannigfachen Bande zwischen den Rassen, Völkern und Nationen miteinander verbunden ist" (Gaudium et spes, 75). Ein Patriotismus ist erst christlich, wenn er dem Gemeinwohl der Menschheit dient.

Die Grenze der Nächstenliebe

Im Evangelium nach Matthäus beschreibt Jesus das Gericht über die Völker am Ende der Zeiten. Die Kriterien zur Erlangung des ewigen Lebens im Reich Gottes sind die Taten der Mitmenschlichkeit. Dort, wo elementare Notlagen nach spontanem, mitmenschlichem Handeln rufen, dort entscheidet sich christliche Existenz – für den Einzelnen, für die Gemeinde, für ein Volk. Wer wird also im Reich Gottes seine Heimat finden? Diejenigen, die sich in der Nachfolge Christi den Hungrigen, den Durstigen, den Fremden, den Armen, den Sündern und allen Bedürftigen zugewendet haben, um ihnen zu helfen (siehe Matthäus 25,31–46). Ein christlicher Patriotismus richtet sich am Reich Gottes und nicht an Grenzen aus. Denn die Nächstenliebe, die für Paulus die Zusammenfassung des gesamten göttlichen Gesetzes ist, überschreitet Grenzen. Wie sehr das Gebot der Nächstenliebe die christliche Ethik von Anfang an prägt, wird in diesen Worten Paulus' deutlich: „Denn ihr seid zur Freiheit berufen, Brüder und Schwestern. Nur nehmt die Freiheit nicht zum Vorwand für das Fleisch, sondern dient einander in Liebe! Denn das ganze Gesetz ist in dem einen Wort erfüllt: Du sollst deinen Nächsten lieben wie dich selbst!" (Galater 5,13–14). Und als Jesus gefragt wurde, welches das wichtigste von allen Geboten sei, ist seine Antwort eine zweigeteilte – Gottesliebe und Nächstenliebe: „Meister, welches Gebot im Gesetz ist das wichtigste? Er antwortete ihm: Du sollst den Herrn, deinen Gott, lieben mit ganzem Herzen, mit ganzer Seele und mit deinem ganzen Denken. Das ist das wichtigste und erste Gebot. Ebenso wichtig ist das zweite: Du sollst deinen Nächsten lieben wie dich selbst. An diesen beiden Geboten hängt das ganze Gesetz und die Propheten" (Matthäus 22,36–40). Das hier mit „Nächsten“ wiedergegebene griechische Wort ist πλησίον (gesprochen: *plesion*). Es zeigt Nähe an, eben „der Nächste“. Der Referenzpunkt für die Nächstenliebe ist in den Worten Jesu die Selbstliebe: „Du sollst deinen Nächsten lieben wie dich selbst“ (Matthäus 22,39). Der Aufforderung zur Nächstenliebe folgt ein Vergleich mit der Selbstliebe, die im Alten Testament kein Hauptmerkmal des Glaubens ist. Wenn überhaupt, spielt sie eine untergeordnete Rolle und die Bibelstelle, auf die Jesus sich im Matthäusevangelium bezieht, Levitikus 19,18, ist bedeutungsoffen.

Offenlegung

Ganz unbekannt ist dem Alten Testament das Konzept der Selbstliebe nicht: „Wer Verstand erwirbt, liebt sich selbst, wer Einsicht bewahrt, findet sein Glück“ (Sprichwörter 19,8). Wörtlich übersetzt heißt es im ersten Teil dieses Verses: „Der, der ein Herz erwirbt, der liebt sein Leben […]“. Das Herz steht in der Körpermetaphorik des Alten Testament für den Verstand, den ein Mensch nicht einfach besitzt, sondern den er sich erwirbt bei der Suche nach Weisheit. Nach Sprichwörter 15,32 erwirbt man sich Verstand, indem man auf die Ermahnung anderer hört. Weisheit erlangt man nicht durch sich selbst, sondern durch andere. Wer deren Weisheit anerkennt und sich in diesem Sinne positiv unterwirft, indem er lernt, liebt sein Leben. Das Leben zu lieben, bedeutet, ein gutes Leben in Weisheit zu führen. Die Selbstliebe ist im Buch der Sprichwörter nicht selbstbezogen, sondern eine Folge aus der Lehre, die der Mensch nicht besitzt, sondern sucht. „Liebe dich selbst“, bedeutet somit: Erwirb Verstand, suche Weisheit! Auch in der Jesus zugeschriebenen Aussage im Matthäusevangelium ist Selbstliebe kein Selbstzweck. Sie ist der Vergleichspunkt für die Nächstenliebe. Aber es ist fraglich, ob die Bibelstelle, auf die sich der Autor des Matthäusevangeliums hier bezieht, in diesem Sinne zu verstehen ist. Das Gebot der Nächstenliebe findet sich im Buch Levitikus und wird gemeinhin folgendermaßen übersetzt: „An den Kindern deines Volkes sollst du dich nicht rächen und ihnen nichts nachtragen. Du sollst deinen Nächsten lieben wie dich selbst. Ich bin der HERR“ (Levitikus 19,18). Der erste Teil des Satzes ist noch leicht verständlich. Ein Israelit soll weder Rache üben noch Groll in seinem Herzen tragen gegenüber einem Volksgenossen. Aber der folgende Satzteil stellt den Leser im Hebräischen vor mehrere Fragezeichen.

Wie schließt sich der zweite Satzteil an den ersten an? Im Hebräischen steht hier der Buchstabe Waw, der vor einem Wort als Konjunktion verwendet wird. Die Grundbedeutung ist „und“, aber es kann auch eine modale Bedeutung haben („auf diese Weise“) oder konsekutiv verstanden werden („sodass“). Somit ist es möglich, die Aufforderung zur Nächstenliebe als Einzelgebot zu verstehen oder als Explikation dessen, was es bedeutet, sich nicht an einem anderen Israeliten zu rächen noch ihm zu grollen.

Was bedeutet es zu lieben? Die Konstruktion im Hebräischen zusammen mit der Präposition ל (gesprochen: *le*) verdeutlicht, dass es sich um eine Solidarität und Loyalität handelt, die sich in praktischer Zuwendung äußern soll. Es geht um eine Aufforderung zum Handeln, zum Liebeserweis.

Wie hängt die Selbstliebe mit der Nächstenliebe zusammen? Redet der Text überhaupt von Selbstliebe? Im Hebräischen schließt sich an die Aufforderung zum Liebeserweis gegenüber dem Nächsten nur noch ein Wort an: כמוך (gesprochen: *kamocha*), ein Vergleichspartikel mit einem unselbständigen Personalpronomen. Dieses Wort bedeutet wörtlich „wie dich/dir" und kann verschieden interpretiert werden. (1.) „wie dich selbst": Die Rezeption im Matthäusevangelium legt eine reflexive Bedeutung nahe; (2.) „der dir gleich ist": Wenn man das Wort nicht auf das Verb, sondern auf das direkt davorstehende Wort „deinen Nächsten" bezieht, liegt der Vergleichspunkt nicht in dem Liebeserweis, sondern darin, dass der Nächste ebenso wie der Angesprochene ein Israelit bzw. ein Mensch ist, dem die gleichen Rechte zustehen; (3.) „wie dir" bzw. „wie (man) dir (Liebe erweist)": In diesem Falle ist die für sich selbst erhoffte Liebe der Vergleichspunkt für die Nächstenliebe.

Alle verschiedenen Antworten auf diese drei Fragen sind möglich. Es zeigt sich: Umso genauer man hinsieht, umso komplizierter wird es. Anstelle einer Verkürzung ist eine dialogische Vertiefung sinnvoll. Die Bibel ist, wenn darüber nicht diskutiert wird, nur toter Buchstabe. Wenn man sie verkürzt und eindampft, dann ist sie nur Schall und Rauch. Aber eigentlich laden die Bibeltexte zur Diskussion ein und fordern den Leser zur eigenen Stellungnahme heraus: Was will der Bibeltext mir sagen? Das ist keine rein spirituelle Frage, sondern der Anfang einer Suche nach den Weisheiten der Heiligen Schrift. Verschiedene Argumente müssen diskutiert und abgewogen werden. Ein Ausleger ist auch nur ein Leser und er muss sein Verständnis begründen und zur Diskussion stellen – im Idealfall eröffnet dies neue Perspektiven.

Man kann nun argumentieren, dass die beiden Vershälften von Levitikus 19,18 nicht gleichwertig sind. Wenn man den hebräischen Text betrachtet, kann man feststellen, dass verschiedene Zeitformen verwendet werden. Die Aufforderungen, keine Rache auszuüben und keinen Groll zu hegen, stehen im verneinten Futur, die als Imperative gelesen werden können: „Du sollst nicht [...]". Die Aufforderung zur Nächstenliebe ist hingegen mit einem Folgetempus formuliert, was bedeutet, dass diese Aufforderung zeitlich nachgeordnet ist. Daher liegt es nahe, die Nächstenliebe als Konsequenz zu verstehen. „Du sollst nicht Rache üben, noch Groll behalten gegen die Kinder deines Volkes, sodass du deinen Nächsten liebst [...]" (Levitikus 19,18).

Wenn man Böses nicht mit Bösem zurückzahlt und nicht nachtragend ist, wandelt man sich zu einer Person, die Böses vergibt und dem anderen mit Gutem begegnet. Das ist eine mögliche Definition von Nächstenliebe. So betrachtet, wäre im Hintergrund schon die Feindesliebe angedeutet. Für eine solche Forderung bedarf es einer überzeugenden Begründung. Leider ist diese nicht eindeutig formuliert. Aber alle möglichen Übersetzungen bieten gute Gründe zur Nächstenliebe. Vielleicht ist ja eben die

Vieldeutigkeit im Bibeltext gewollt. Wenn man die Nächstenliebe mit der Liebe zu sich selbst vergleicht und diese Liebe als eine tuende Liebe versteht, dann kann sich daraus die ethische Forderung ergeben, den Nächsten nur so zu behandeln, wie man selbst auch behandelt werden möchte oder wie man sich selbst behandelt – dann würde man folgendermaßen übersetzen: „Du sollst nicht Rache üben, noch Groll behalten gegen die Kinder deines Volkes, sodass du deinen Nächsten liebst wie dich selbst (oder: wie man dir Liebe erweisen soll). Ich bin JHWH“ (Levitikus 19,18). Oder die Nächstenliebe wird durch die Würde des Nächsten begründet. Der Grundsatz der Gleichheit aller würde hier zur Nächstenliebe führen. Dazu passt auch, dass der Vers mit der Selbstvorstellungsformel Gottes abgeschlossen wird: „Ich bin JHWH.“ Da JHWH der Gott des einen wie des anderen ist, ähneln sich beide Personen, das Subjekt wie der Nächste, und haben somit die gleichen Rechte und Pflichten. Dann würde man folgendermaßen übersetzen: „Du sollst nicht Rache üben, noch Groll behalten gegen die Kinder deines Volkes, sodass du deinen Nächsten liebst, der dir gleich ist (oder: Er ist wie du). Ich bin JHWH“ (Levitikus 19,18).

Alle drei Übersetzungsmöglichkeiten legen nahe, dass man mit dem Nächsten (רע, gesprochen: *rea*) neben den „Kindern deines Volkes“ einen Mit-Israeliten bezeichnet. Während jedoch „Kinder deines Volkes“ auf die Volksgemeinschaft bezogen sind, ist der Begriff „der Nächste“ in seiner Bedeutung offen. Es kann „Nächster“, „Liebhaber“, „Freund“, „Verbündeter“ bedeuten oder einfach ganz unspezifisch „einen anderen Mann" bezeichnen (zu Letzterem siehe 2 Samuel 12,11). Zum Beispiel werden beim Auszug aus Ägypten die Ägypter mit diesem Wort als Nachbarn der Israeliten bezeichnet (Exodus 11,2) und mit diesem Wort wird der Kanaanäer Hira aus Adullam als loyaler Partner Judas charakterisiert (Genesis 38,12.20). Von der Wortbedeutung her lässt sich die Liebe zum Nächsten also nicht auf Volksgrenzen beschränken. Dass die Grenzen der Nächstenliebe bereits im Buch Levitikus diskutiert werden, darauf könnte ein späterer Vers im selben Kapitel hinweisen: „Wenn bei dir ein Fremder in eurem Land lebt, sollt ihr ihn nicht unterdrücken. Der Fremde, der sich bei euch aufhält, soll euch wie ein Einheimischer gelten und du sollst ihn lieben wie dich selbst; denn ihr seid selbst Fremde in Ägypten gewesen. Ich bin der HERR, euer Gott" (Levitikus 19,34). Explizit sagt diese Stelle aus, dass sich die Liebe zu den Mitmenschen nicht nur auf die Israeliten zu begrenzen hat. Auch Ausländer, die sich dauerhaft im Land befinden, stehen unter dem besonderen Schutz des Gesetzes. Dass dieses Gebot im Zusammenhang mit dem Gebot der Nächstenliebe zu verstehen ist, verdeutlich sich durch einen auffallenden wörtlichen Verweis. Nur hier und in der Formulierung des Gebots der Nächstenliebe heißt es „Du sollst [ihn] lieben wie dich selbst". Die im Buch Levitikus geforderte Nächstenliebe ist nicht nur auf die Volksgenossen begrenzt.

Christliche Liebe des Nächsten

Im nachbiblischen Judentum der Antike wurde das Gebot der Nächstenliebe ebenso wie im Neuen Testament als Zusammenfassung des Willens Gottes verstanden. In einer der schriftlich niedergelegten Diskussionen des antiken Judentums verweist einer der Rabbinen darauf, dass jedoch eine Bibelstelle noch grundlegender für das ethisch richtige Handeln sei: „Es ist das Buch der Geburtsfolge des Menschen (Genesis 5,1) ein wichtigerer Grundsatz als dieser [das Gebot der Nächstenliebe]“ (Sifra, Kedoschim). Die Bibel betont bereits am Anfang im Buch Genesis, dass alle Menschen und alle Völker von einem Menschenpaar abstammen und im biblischen Sinne „Brüder“ oder „Geschwister“ sind. In den Schriften des Christentums werden nationale Grenzen überschritten und die Nächstenliebe entwickelt sich zu einer Grundmaxime des menschlichen Lebens: „Die Liebe tut dem Nächsten nichts Böses. Also ist die Liebe die Erfüllung des Gesetzes“ (Römer 13,10).

In dem Gleichnis vom barmherzigen Samariter findet sich die christliche Antwort auf die Frage: Wer ist mein Nächster? Es ist nicht nur der in irgendeiner Situation räumlich nahe Mitmensch. „Ein Mann ging von Jerusalem nach Jericho hinab und wurde von Räubern überfallen. Sie plünderten ihn aus und schlugen ihn nieder; dann gingen sie weg und ließen ihn halbtot liegen. Zufällig kam ein Priester denselben Weg herab; er sah ihn und ging vorüber. Ebenso kam auch ein Levit zu der Stelle; er sah ihn und ging vorüber. Ein Samariter aber, der auf der Reise war, kam zu ihm; er sah ihn und hatte Mitleid, ging zu ihm hin, goss Öl und Wein auf seine Wunden und verband sie. Dann hob er ihn auf sein eigenes Reittier, brachte ihn zu einer Herberge und sorgte für ihn. Und am nächsten Tag holte er zwei Denare hervor, gab sie dem Wirt und sagte: Sorge für ihn, und wenn du mehr für ihn brauchst, werde ich es dir bezahlen, wenn ich wiederkomme. Wer von diesen dreien meinst du, ist dem der Nächste geworden, der von den Räubern überfallen wurde? Der Gesetzeslehrer antwortete: Der barmherzig an ihm gehandelt hat. Da sagte Jesus zu ihm: Dann geh und handle du genauso!" (Lukas 10,30–37). Die Nächstenliebe zeigt sich im Hinsehen und Hingehen. Auch die anderen Mitmenschen hatten das Leid gesehen, aber sie blieben auf ihrem Weg. Der Samaritaner hingegen verlässt seinen Weg und macht den Halbtoten zu seinem Nächsten, indem er zu ihm geht. Nächstenliebe ist ein aktives Handeln, das auf die Not einer anderen Person reagiert. Der Nächste ist keine Gegebenheit und keine Kategorie, sondern eine Entscheidung. Am Ende des Gleichnisses fragt Jesus: „Wer von diesen dreien meinst du, ist dem der Nächste geworden, der von den Räubern überfallen wurde?" Er fragt nicht: „Wer ist der Nächste?" Die Frage ist also nicht, wer mein Nächster ist, sondern wem ich zum liebenden Nächsten werde. Diese geforderte Art der Nächstenliebe lässt sich nicht einengen oder pragmatisch entschärfen, sondern begegnet einem als innere Notwendigkeit und will getan werden.

Entgegen der Gefühlskälte der anderen empfindet der Samaritaner nicht nur Mitleid, er ist im Innersten bewegt – das Verb ἐσπλαγχνίσθη (gesprochen: *esplagchnistthe*) leitet sich vom griechischen Wort für die Eingeweide, das Herz oder für das Innerste des Menschen ab. Man könnte auch sagen: Die Nächstenliebe wird zur christlichen Gewissenfrage und brennt in unserem Inneren!

Das rasende Herz

Für Paulus ist das Gewissen noch keine leitende objektive Norm, sondern die Instanz zur rückblickenden Beurteilung eines geschehenen Handelns. In der Zeit nach Paulus entwickelt sich das Gewissen dann im Neuen Testament zum Charakteristikum der christlichen Ethik: „Das Ziel der Unterweisung ist Liebe aus reinem Herzen, gutem Gewissen und ungeheucheltem Glauben“ (1 Timotheus 1,5). Man kann nur ein gutes Gewissen haben, wenn man dem Heilsplan Gottes dient und auf seinen Wegen wandelt. Diese grundlegende Aussage wird im Kontext des Kampfes gegen Irrlehren geäußert. Geheuchelter Glaube führt zu Zwist und Streitigkeit. Wahrer Glaube beweist sich in einer tätigen Liebe, die die Grundhaltung einer Christin und eines Christen. Das reine Herz und das gute Gewissen ermöglichen diese Liebe als Lebensweise. Der erste Petrusbrief versteht die Taufe als „eine Bitte an Gott um ein reines Gewissen aufgrund der Auferstehung Jesu Christi“ (1 Petrus 3,21). So gibt die Taufe sozusagen ein neues Wissen, um das eigene Tun im Horizont der Heilstat Jesu Christi einzuordnen. Dass Gott die Möglichkeit der Entscheidung zum guten Handeln gibt, zeigt sich auch in einer Bitte der Psalmen: „Erschaffe mir, Gott, ein reines

Herz und einen festen Geist erneuere in meinem Inneren“ (Psalm 51,12). Das Herz ist im Alten Testament der Sitz der Vernunft. Mit ihm erkennt der Mensch die Lebens- und Weltordnung und öffnet sich für Gott. Der Geist ist daneben das Zentrum der Lebenskraft und des Willens und er ermöglicht, das mit dem Herz Erkannte auch in Hingabe zu Gott zu tun. Im Alten Testament gibt es kein Wort, das sich mit dem Begriff „Gewissen“ übersetzen lässt. Beim Gewissen geht es dem Hebräer an Herz und Nieren. Auch für die Hebräische Bibel gibt es gutes und schlechtes Handeln, Schuld und Verantwortung. Aber das Gewissen ist Teil der Leiblichkeit.

Deutlich wird dies in Salomos Bitte um ein hörendes Herz, die auch heute noch christlichen Politikerinnen und Politikern als Gebetsvorlage dienen kann: „Verleih daher deinem Knecht ein hörendes Herz, damit er dein Volk zu regieren und das Gute vom Bösen zu unterscheiden versteht!“ (1 Könige 3,9). Das Herz ist im alttestamentlichen Denken Entscheidungszentrum des Menschen mit seinem vernunftbegabten Willen und all seinen emotionalen Regungen. Für David ist das wildschlagende Herz gar ein Gewissensurteil: „Hinterher aber schlug David das Gewissen [לב, „Herz“], weil er einen Zipfel vom Mantel Sauls abgeschnitten hatte“ (1 Samuel 24,6). David wird sozusagen von seinem Herz zu Recht gestoßen. Eine ähnliche Funktion wird auch den Nieren zugeschrieben: „Ich preise den HERRN, der mir Rat gibt, auch in Nächten hat mich mein Innerstes [כליותי „ meine Nieren“] gemahnt“ (Psalm 16,7). Die Nieren wie auch das Herz werden als Orte gedacht, an denen Gott dem Menschen ins Gewissen spricht, damit dieser zwischen Gut und Böse unterscheiden kann. Muss einem nicht das Herz rasen, wenn man Leid sieht in allen Ecken der Welt, die zu einem globalen Dorf geworden ist? Muss es einem nicht im Innersten schmerzen, wenn Mitmenschen hungern, verdursten, erniedrigt werden? Ja, Christin und Christ zu sein kann wie eine Überforderung wirken – und nein, Nächstenliebe bedeutet keine Selbstaufgabe.

Weitung

Als Johannes der Täufer das anstehende Gottesgericht verkündet, wird er von den Versammelten gefragt, was sie denn im Angesicht des Zorn Gottes nun tun sollten. Sein Ratschlag ist sehr einfach und sehr präzise: „Er antwortete ihnen: Wer zwei Gewänder hat, der gebe eines davon dem, der keines hat, und wer zu essen hat, der handle ebenso!“ (Lukas 3,11). Johannes fordert von denjenigen, die sich von ihm taufen lassen „Früchte der Buße“, „gute Früchte“. Er verlangt von allen eine alles Unrecht meidende Hilfsbereitschaft. Seine Verkündigung geschah in einem Lebenskontext, in dem viele Menschen an der Existenzgrenze lebten und sich um Kleidung und Nahrung sorgen mussten. Er gesteht den Zuhörenden selbst das Existenzminimum zu, aber er fordert zugleich, das Leben der anderen durch die eigene Hilfsbereitschaft zu ermöglichen. Es geht um eine selbstlose Entschiedenheit bis zum eigenen Existenzminimum. Andere am eigenen Überfluss teilhaben zu lassen, kann subjektiv bereits eine Überforderung sein. Jesus geht im Matthäusevangelium noch einen Schritt weiter: Die Intention der Nächstenliebe soll selbst gegenüber Feinden gelten. Christinnen und Christen sollen eine „größere Gerechtigkeit" (siehe Matthäus 5,20) anstreben, die selbst Hass mit Liebe entgegentritt. Bereits im Alten Testament finden sich Gebote der Feindesliebe. Das Buch Exodus verpflichtet, selbst demjenigen, der mich hasst, in der Not zu helfen (Exodus 23,4–5). Man solle sich nicht über das Unglück der Feinde freuen (Sprichwörter 24,17–18), sondern für das leibliche Wohl des Feindes sorgen: „Hat dein Feind Hunger, gib ihm zu essen, hat er Durst, gib ihm zu trinken; so sammelst du glühende Kohlen auf sein Haupt und der HERR wird es dir vergelten" (Sprichwörter 25,21–22). Jesu Gegenüberstellung wendet sich gegen eine nationalistische, religionsexklusive Verengung der Nächstenliebe. „Ihr habt gehört, dass gesagt worden ist: Du sollst deinen Nächsten lieben und deinen Feind hassen. Ich aber sage euch: Liebt eure Feinde und betet für die, die euch verfolgen [...]" (Matthäus 5,43–44). Die Nächstenliebe soll soweit reichen, dass sie selbst die Feinde umfasst. Indem die christliche Menschenliebe nicht zwischen den Menschen unterscheidet, ist sie eine Nachahmung der Liebe Gottes in der Welt. „Wenn ihr nämlich nur die liebt, die euch lieben, welchen Lohn könnt ihr dafür erwarten?" (Matthäus 5,46). Christin und Christ zu sein, bedeutet nicht, das Menschentypische, sondern das Menschenmögliche zu tun. In dieser vermeintlichen Überforderung zeigt sich das christliche Proprium. Weitet die verengten Vorstellungen, was Nächstenliebe bedeutet, „damit ihr Kinder eures Vaters im Himmel werdet" (Matthäus 5,45)!

Krisenkirche
Von Amos zur Berufung

Das Wort „Krise“ gehört mittlerweile zur Kirche, wie das Kreuz und der Altar: Missbrauchskrise, Berufungskrise, Traditionskrise und immer wieder müssen Kirchen abgerissen werden. Die einen kritisieren, die anderen kritisieren die Kritik. Sind strukturelle Reformen und die Neuausrichtung am Evangelium wirklich entgegengesetzte Pole? Wir leben in Zeiten, in der es einer prophetischen Kritik in der Kirche bedarf!

Wie Amos!

Das Problem mit Propheten ist, dass man erst im Nachhinein weiß, ob sie recht hatten oder Scharlatane waren (siehe Deuteronomium 18,15–22). Die Tradition hat in den alttestamentlichen Schriften eine Vielzahl von Fällen bewahrt und als Mahnmale aufgestellt, in denen eine prophetische Kritik nicht ernstgenommen wurde und am Ende Gottes Zorn nicht mehr aufzuhalten war. „Seine Worte sind unerträglich für das Land“ (Amos 7,10), sagte man über die Kritik des Propheten Amos. Der einfachste Weg, mit Kritik umzugehen, ist, nicht auf sie zu hören. Aber wenn die Kritik einen Nerv getroffen hat, der schmerzt, hilft es dann, die Quelle des Schmerzes zu isolieren? Nein, nicht der Nerv wird dann geheilt, der Kritik wird ihr Stachel gezogen.

Im Buch Amos sind es die messerscharfen Analysen der gesellschaftlichen Missstände und der Sinnlosigkeit eines Kultes ohne zwischenmenschliche Gerechtigkeit, die zu unerträglichen Worten für den Priester und den König des Landes werden. Das Lösungsmodell der Hierarchie ist denkbar einfach: „Seher, geh, flieh ins Land Juda! Iss dort dein Brot und prophezeie dort! In Bet-El darfst du nicht mehr prophezeien; denn das hier ist das königliche Heiligtum und der Reichstempel“ (Amos 7,12–13). Es gilt doch das Hausrecht! Amos stammt nicht einmal aus dem Nordreich, dem er den Untergang voraussagt. Daher solle er besser dorthin verschwinden, wo er hergekommen ist. Der Kern der Kritik wird nicht einmal thematisiert – denn Amos muss als derjenige, der Kritik äußert, ja unlautere Motive haben. Das ist doch alles nur Schau und dient dem Broterwerb! Ja, auch heute lässt sich von Kirchenkritik leben. So erreicht man Einschaltquoten und hohe Auflagen. Hinter solchen Argumenten verschwindet die Kritik – aber nicht die prophetische Kritik eines Propheten wie Amos: „Ich bin kein Prophet und kein Prophetenschüler, sondern ich bin ein Viehhirte und veredle Maulbeerfeigen“ (Amos 7,14). Er ist weder ein Priester noch ein Hofbeamter. Er verdient kein Geld, indem er sich unbeliebt macht.

Sondern er bestreitet seinen Lebensunterhalt damit, dass er saure Maulbeerfeigen einritzt, während sie heranwachsen, damit sie am Ende süß werden. Seine Worte haben ein ebensolches Potential. Aber die Gesellschaft, die er kritisiert, verblutet und wird von Gottes Zorn vernichtet. Der Priester ist unempfänglich für jede Kritik, doch Amos prophezeit die Radikalität des göttlichen Strafgerichts: „Du sagst: Prophezeie nicht gegen Israel und geifere nicht gegen das Haus Isaak! Darum – so spricht der HERR: Deine Frau wird zur Hure in der Stadt, deine Söhne und Töchter fallen unter dem Schwert, dein Boden wird mit der Messschnur verteilt, du selber stirbst auf unreinem Boden und Israel muss in die Verbannung ziehen, fort von seinem Boden" (Amos 7,16–17). Der Laie Amos verkündet dem Priester Amazja das Wort Gottes. Ja, eine Besinnung auf das Evangelium Gottes wäre die bessere Reaktion gewesen. Auch heute ist es noch die Aufgabe der Priester, Kritik im Lichte des Willens Gottes zu prüfen. Aber was lernen wir aus der Kritik im Lichte des Evangeliums? Um eine echte Antwort darauf zu gewinnen, muss die Kirche aufhören einen Schatten zu werfen.

Christliches Chanukka

Vielleicht ist es an der Zeit für die Kirche, Chanukka zu feiern? Dieses jüdische Fest steht nicht in der jüdischen, Hebräischen, sondern in der christlichen Bibel. In den beiden Büchern der Makkabäer, die nur in ihrer griechischen Übersetzung erhalten geblieben sind und somit nicht zu den heiligen Schriften des Judentums zählen, wird erzählt, wie der militärische Anführer Judas Makkabaeus im Jahre 168 v. Chr. einen Aufstand gegen die damalige syrisch-hellenistische Besatzung begann. Ihm gelang es 164 v. Chr., den Tempel von Götzenbildern zu reinigen. Die (Wieder-)Einweihung des Tempels (חנוכה, gesprochen: *chanukka*) war ein Symbol für die Wiedererlangung nationaler Souveränität und Identität. Dieser Neuanfang begann auf Ruinen. Als die Makkabäer zum Tempel hinaufzogen, „sahen sie das Heiligtum verödet daliegen" (1 Makkabäer 4,38). Ihre erste Reaktion ist sicht- und hörbare Erschütterung: Klageschreie und Trauerriten. Doch es folgt keine Schockstarre und kein frommes, aber untätiges Falten der Hände. „Er [Judas] wählte untadelige und gesetzestreue Priester aus, die das Heiligtum reinigten [...]" (1 Makkabäer 4,42–43). Im Zentrum des damaligen Tempelkultes stand das täglich zu verrichtende Brandopfer. Der Altar war der zentrale Ort der Kommunikation mit Gott. Doch er war überbaut mit einer Kultstätte für fremde Götter (siehe 1 Makkabäer 1,54). Somit war das Herzstück des Kultes entweiht. Gilt es, das Alte, aber Entweihte zu bewahren? Oder muss ein Neuanfang die steinernen Säulen des Gegebenen niederschmettern? Die Makkabäer, deren Name sich von dem hebräischen Wort für Hammer (מקבת, gesprochen: *makkevet*) ableitet, entscheiden sich für die Zerstörung als Neufanfang. Das heilige Konzept ist bedeutungsvoller als der kalte Stein. Auch wenn der Ort seine Heiligkeit nicht verloren hat, gibt es doch Momente, da kann man nicht mehr umkehren. Dann bleibt nur die Ehre der Vergangenheit und die Hoffnung für die Zukunft. „Es kam ihnen der gute Gedanke, ihn [den Altar] niederzureißen; denn er hätte ihnen Schande gebracht, da die fremden Völker ihn befleckt hatten. So rissen sie den Altar nieder und legten die Steine an einen passenden Ort auf dem Tempelberg nieder, bis ein Prophet komme und entscheide, was damit geschehen sollte" (1 Makkabäer 4,45–46).

Ein neuer Brandopferaltar wird der heilige Ort, an dem das Volk seinen Gott wieder lobpreist und anbetet. Nicht aus Ruinen, sondern an der Stelle von Ruinen ersteht Neues. In den Ruinen entstehen nicht nur neue Bauwerke. Der Neuanfang ist kein einmaliges Fest der (Wieder-)Einweihung des Tempels, sondern es entsteht eine neue Identität, die an die Vergangenheit anknüpft, aber selbst Geschichte schreibt. „Sie setzten durch eine öffentliche Entschließung und Abstimmung fest, dass das ganze jüdische Volk jedes Jahr diese Tage festlich zu begehen habe" (2 Makkabäer 10,8). Tradition entsteht durch und in Geschichte. So kann selbst ein Neuanfang, der Abbruch einer Tradition, eine neue Tradition hervorbringen, und zwar eine, die alte Identität stärkt. Im Falle von Chanukka entsteht diese Tradition als ein gemeinschaftlicher, demokratischer Akt. Die in der christlichen Bibel überlieferte Geschichte von Chanukka sollte nicht nur für das Judentum, sondern auch für das Christentum ein Grund zum Feiern sein. Radikal lehrt sie, dass Tradition gemeinsam entschieden wird und dass ihr Inhalt aus Zerstörung erwachsen kann. Dort, wo manche nur Ruinen sehen und der Vergangenheit hinterhertrauern, dort darf der Hammer geschwungen werden!

Abriss und Aufbau

Eine schöne Kirche, die von Baggern zerstört wird – das ist doch das Sinnbild des Endes. Sie zerfällt zu Staub, die vergangene Pracht wird zunichtegemacht. Auch eine Kirche geht den Weg alles Weltlichen, sie kann profaniert werden, d.h. sie kann entwidmet und somit als ganz normales Gebäude benutzt oder gar abgerissen werden. Dass eine Kirche kein Gotteshaus mehr sein kann, wird im Kirchenrecht geregelt: „Wo [...] schwerwiegende Gründe es nahelegen, eine Kirche nicht mehr zum Gottesdienst zu verwenden, kann sie der Diözesanbischof nach Anhören des Priesterrates profanem, aber nicht unwürdigem Gebrauch zurückgeben, vorausgesetzt, daß diejenigen, die rechtmäßig Recht an der Kirche beanspruchen, zustimmen und das Heil der Seelen dadurch keinen Schaden nimmt“ (Codex Iuris Canonici, Can. 1222 §2.). Aber was sind schwerwiegende Gründe? Ist die Verweltlichung eines heiligen Ortes, an dem Generationen gebetet haben, kein Schaden für das Heil der Seele der Ortsgemeinde?

Heiligtümer kommen und gehen. Wie ein archäologischer Fund nahe der israelischen Stadt Be'er Scheva zeigt, konnte selbst aus einem Altar der biblischen Zeit Baumaterial für die einfache Mauer eines Lagerhauses werden. Der Tempel, in dem dieser Altar stand, war vermutlich JHWH gewidmet. Von ihm existieren heute nur noch archäologische Überreste. Auch die Bibel berichtet von aufgegebenen

Tempeln. Gott selbst verlässt den Tempel in Jerusalem und gibt ihn der Zerstörung preis. In einer Vision berichtet das Prophetenbuch Ezechiel von Gottes Beschluss, Jerusalem samt Tempel aufgrund der Sünden Israels zu zerstören; dazu verlässt Gott seinen Tempel: „Die Herrlichkeit des HERRN stieg empor weg aus der Mitte der Stadt; und sie blieb stehen auf dem Berg im Osten der Stadt“ (Ezechiel 11,23). Das heißt aber nicht, dass jede Zerstörung eines Gotteshauses auf die Sünden der Gläubigen zurückzuführen sei. Vielmehr verdeutlichen diese Worte, wie es auch in den Zionsliedern in den Psalmen 46 und 48 besungen wird, dass selbst der Tempel in Jerusalem aus biblischer Perspektive nur durch die Anwesenheit Gottes heilig ist. Gott ist nicht statisch, sondern dynamisch. Der Gott, der sich dem Volk Israel auf dem Sinai offenbart hat, lässt sich dort keinen Tempel bauen, sondern legt im Buch Deuteronomium fest, dass Israel nur eine einzige Kultstätte haben soll, zu der er sich mit seinem Volk auf den Weg macht: „Ihr sollt nicht das Gleiche tun wie diese Völker [die Kanaanäer], wenn ihr den HERRN, euren Gott, verehrt, sondern ihr sollt nach der Stätte fragen, die der HERR, euer Gott, aus allen euren Stammesgebieten erwählen wird, indem er dort seinen Namen anbringt. Nach seiner Wohnung sollt ihr fragen und dorthin sollst du ziehen“ (Deuteronomium 12,4–5). Nach diesem Erzählfaden, der sich vom Buch Deuteronomium über die Bücher Josua, Richter, 1 u. 2 Samuel bis in die Königebücher erstreckt, ist der Tempel in Jerusalem, den König Salomo erbaut, eine Stätte, an der Gott seinen Kult zentralisiert (siehe 1 Könige 8) und die Gott nach dem Buch

Ezechiel selbst zerstören lassen wird.

Zwischen diesen Wegpunkten wird am Anfang der Samuelbücher ein Tempel in Schilo genannt. Weder berichtet der Text, dass Gott den Bau dieses Tempels angeordnet hat, noch wird später erzählt, dass dieser Tempel zerstört worden sei. Dieses Gotteshaus, in dem Priester dienen und Gott sich offenbart, verschwindet in der Erzählung ebenso sang- und klanglos, wie es aufgetaucht ist. Es wird nur als Tempel definiert, da darin die Bundeslade steht. Sie ist das Symbol des mit seinem Volk mitziehenden Gottes. Nachdem sie im Krieg gegen die Philister verlorengeht, dann aber doch zu Israel zurückkehrt, wird sie nicht wieder im Tempel in Schilo untergebracht, sondern an einen anderen Ort gebracht. Gott hatte bereits die alte Priesterfamilie in Schilo verworfen und nun verwarf auch Israel selbst den alten Tempel: „Da kamen die Leute von Kirjat-Jearim und holten die Lade des HERRN zu sich hinauf. Sie brachten sie in das Haus Abinadabs auf der Anhöhe. Und seinen Sohn Eleasar weihten sie, dass er die Lade des HERRN bewache" (1 Samuel 7,1). An den Tempel in Schilo wird am Anfang des ersten Samuelbuchs erinnert, aber in der folgenden Geschichte Israels spielt er keine Rolle mehr. Er ist nicht mehr relevant. Israel sehnt sich im Exil einzig und allein nach dem Tempel in Jerusalem und nach dessen Wiederaufbau. Aus babylonischer Gefangenschaft zurückgekehrt, wird er für Israel zur einzigen Kultstätte bis zur erneuten Zerstörung 70 n.Chr.

Für die ersten Christinnen und Christen, die Jüdinnen und Juden waren, war dieser Tempel bis zu seiner Zerstörung auch ihre heilige Stätte: „Tag für Tag verharrten sie einmütig im Tempel, brachen in ihren Häusern das Brot und hielten miteinander Mahl in Freude und Lauterkeit des Herzens“ (Apostelgeschichte 2,46). Die aus den Privathäusern entstehenden Kirchen waren kein Tempelersatz, sondern der Ort der Gemeinschaft und der Versammlung. Es gibt keine in den Schriften des Neuen Testaments grundgelegte Sehnsucht nach einem Tempel oder nach dessen Wiederaufbau, ganz im Gegenteil: Das frühe Christentum verabschiedet sich von der Idee eines Sakralortes als essenzieller Bestandteil der neu entstehenden Religion. Sie braucht Versammlungsorte, keine Tempel.

Dieser Abschied von einem lokal gebundenen Kult wird im Johannesevangelium im Gespräch Jesu mit der Samaritanerin ins Wort gefasst; sie sagt zu ihm: „Unsere Väter haben auf diesem Berg [Garizim] Gott angebetet; ihr [die Juden] aber sagt, in Jerusalem sei die Stätte, wo man beten muss“ (Johannes 4,20). Jesus antwortet ihr: „Glaube mir, Frau, die Stunde kommt, zu der ihr weder auf diesem Berg noch in Jerusalem den Vater anbeten werdet. […] Aber die Stunde kommt und sie ist schon da, zu der die wahren Beter den Vater anbeten werden im Geist und in der Wahrheit; denn so will der Vater angebetet werden“ (Johannes 4,21.23). Eine Gemeinde füllt einen Sakralbau mit Leben, aber sie bedarf keines Kirchengebäudes. Sie ist vorrangig eine im eucharistischen Gottesdienst begründete Lebens- und Dienstgemeinschaft, die in ihrer Sozialstruktur, in ihrer Pluralität und Solidarität durch Jesus Christus begründet ist (siehe 1 Korinther 12,12–27). Die Gemeinde ist das eigentliche, geistige Haus, in dem sich Christentum als Gemeinschaft ereignet: „Lasst euch als lebendige Steine zu einem geistigen Haus aufbauen, zu einer heiligen Priesterschaft, um durch Jesus Christus geistige Opfer darzubringen, die Gott gefallen!“ (siehe 1 Petrus 2,5). Der Leib Christi ist nicht das Kirchengemäuer und die Aufgabe der Christinnen und Christen ist auch nicht der Denkmalschutz, sondern in Jesu Christi „Spuren zu wandeln“ (1 Petrus 2,21) und in Worten und Werken selbst Zeuginnen und Zeugen der Hoffnung zu sein (siehe 1 Petrus 2,12).

Ja, alte Kirchen sind schön und können als Zeugen einer glorreichen Vergangenheit angesehen werden. Architektonisch sind manche gar in Stein gemeißelte Theologie, aber sie bleiben doch eben nur dies: kalte Steine. Die Profanierung einer Kirche und gar ihr Abriss sind ein Messerstich in das Herz der Ortsgemeinde; Vertrautes geht verloren – aber das ist der Lauf der Zeit. Bereits die biblische Geschichte zeigt, dass von Gottes Tempeln am Ende nichts oder nur Schutt übrigbleibt. Das Seelenheil der Christinnen und Christen wird nicht durch eine Abrissbirne entschieden, sondern in der gemeinsamen Nachfolge dessen, der selbst kein Haus gebaut hat. Aber wo sind noch Berufungen zur Nachfolge zu erwarten, wo die Missbrauchskrise das Angesicht der Kirche verzerrt?

Der Hilfeschrei der Opfer

Wie soll man darauf reagieren, wenn geweihte Priester Kinder sexuell missbrauchen? Ist es der Auftrag der Kirche, diese Taten zu verdecken, dann Empörung zu äußern, aber strukturell ihren Blick vom Himmel abzuwenden? Es reicht nicht, sich für seine Kirche zu schämen. Man muss ihr nicht nur die Messe, sondern die Leviten lesen. Im Klosterleben der Benediktiner gehörten bereits ab dem 8. Jahrhundert Andachts- und Bußübungen zum Lebensrhythmus, bei denen aus dem Buch Levitikus die kultischen und ethischen Verhaltensmaßregeln zum Tadel und zur Ermahnung immer wieder vorgelesen wurden. Mehrfach wird das Volk Israel in diesem Buch aufgefordert, heilig zu sein: „Erweist euch als heilig und seid heilig, weil ich heilig bin" (Levitikus 11,44). Das eigene Handeln an Gott auszurichten, ist nicht nur ein Standard für das auserwählte Volk Israel, im 1. Petrusbrief wird diese Forderung auch zum Maßstab für alle Christinnen und Christen: „Als Kinder des Gehorsams gebt euch nicht den Begierden hin, wie früher in eurer Unwissenheit! Wie er, der euch berufen hat, heilig ist, so soll auch eure ganze Lebensführung heilig sein. Denn es steht geschrieben: Seid heilig, weil ich heilig bin! Und wenn ihr den als Vater anruft, der jeden ohne Ansehen der Person nach seinem Tun beurteilt, dann führt auch, solange ihr in der Fremde seid, ein Leben in Gottesfurcht!" (1. Petrusbrief 1,14–17). Heiligkeit ist kein äußerer Besitz. Entscheidend ist nicht das Ansehen einer Person, sondern das vor Gott zu verantwortende Handeln. Ein Amt allein führt nicht zu einem gottgewollten Leben.

Die Erzählung über Susanna im Anhang des Buches Daniel könnte wichtige Impulse für die Aufarbeitung der Missbrauchsfälle in der Kirche geben. Susanna ist eine gottesfürchtige Frau, die im Gesetz Gottes erzogen wurde. Ihr stehen die zwei amtierenden Richter, zwei der Ältesten, gegenüber, die nach Gottes Gesetz über das Volk urteilen sollten, aber ihr Amt pervertieren: „Die beiden Ältesten sahen sie [Susanna] täglich kommen und umhergehen; da regte sich in ihnen die Begierde nach ihr. Ihre Gedanken gerieten auf Abwege und sie wandten ihre Augen davon ab, zum Himmel zu schauen und an die gerechten Strafen zu denken“ (Daniel 13,8–9). Anstatt gottesfürchtig ihr Amt zu erfüllen, missbrauchen sie es. In ihrer Lüsternheit lauern sie Susanna auf und drohen der verheirateten Frau mit Verleumdung und Todesstrafe, wenn sie ihnen nicht sexuell gefügig ist: „Das Gartentor ist verschlossen und niemand sieht uns; wir [die beiden Ältesten] sind voll Begierde nach dir [Susanna]: Sei uns zu Willen und gib dich uns hin! Weigerst du dich, dann bezeugen wir gegen dich, dass ein junger Mann bei dir war [...]“ (Daniel 13,20–21). Ihre Situation ist aussichtslos: Entweder gibt Susanna sich ihren Vergewaltigern hin oder die beiden Ältesten werden sie des Ehebruchs bezichtigen, was die Todesstrafe für sie bedeutet. Die Erzählung räumt Susanna eine Möglichkeit ein, die Opfer von sexuellem Missbrauch meistens nicht besitzen. Sie verweigert sich und wird nicht vergewaltigt – und ein Schreiwettkampf beginnt: „Da schrie Susanna mit lauter Stimme auf. Aber zugleich mit ihr schrien auch die beiden Ältesten“ (Daniel 13,24). Susannas Schrei nach Hilfe bedeutet ihr Todesurteil. Das Schreien der Ältesten ist der Versuch, das Leid des Opfers zu übertönen. Die Aufmerksamkeit der Gesellschaft, die zur Hilfe gerufen ist, richtet sich jedoch nicht auf Gerechtigkeit, sondern auf das Ansehen. Die Ältesten legen eine Falschaussage gegen Susanna ab: Sie sei von ihnen beim Ehebruch mit einem unbekannten Mann erwischt worden – und das Amt scheint wichtiger als die Wahrheit zu sein: „Die versammelte Gemeinde glaubte ihnen, weil sie Älteste des Volkes und Richter waren, und verurteilten Susanna zum Tod“ (Daniel 13,41).

Aber der Ruf nach Gerechtigkeit ist lauter und damit stärker als irgendeine menschliche Autorität. Denn das Gebet der Unterdrückten wird von Gott gehört: „Susanna aber schrie auf mit lauter Stimme und sagte: Ewiger Gott, du kennst auch das Verborgene; du weißt alles, noch bevor es geschieht. Du weißt auch, dass sie eine falsche Aussage gegen mich gemacht haben. Darum muss ich jetzt sterben, obwohl ich nichts von dem getan habe, was diese Menschen mir vorwerfen“ (Daniel 13,42–43). Gott erhört den Hilfeschrei Susannas und beruft keinen Würdenträger, sondern einfach „einen jungen Mann“, Daniel, um ihr zur Hilfe zu eilen. Nicht sein Ansehen ist entscheidend, sondern sein Wille zur Gerechtigkeit: „Dieser schrie mit lauter Stimme: Ich bin unschuldig am Blut dieser Frau. Da wandten sich alle Leute nach ihm um und fragten ihn: Was soll das heißen, was du da gesagt hast? Er trat mitten unter sie und sagte: Seid ihr so töricht, ihr Söhne Israels? Ohne Verhör und ohne Prüfung der Beweise habt ihr eine Tochter Israels verurteilt“ (Daniel 13,46–48). Daniel befragt die Richter getrennt voneinander und deckt durch die Unterschiede in ihren Aussagen ihr Unrecht auf. Die Richter werden zu Verurteilten. Es wird offenbar, wer sie sind: Die wegen ihres Amtes Wertgeschätzten sind in Wahrheit nicht gottesfürchtig, sondern trieb- und machtgesteuert.

Mit der Bibel kann sich jede und jeder Gläubige und die Kirche insgesamt sicher sein, dass die Schreie der Opfer von Gott erhört werden. Gott steht auf der Seite Susannas, nicht auf der Seite der zwei Ältesten, die als Richter ihre Macht missbraucht haben. Die gehörten und ungehörten Hilferufe sind eine direkte Anklage, nicht nur gegen die Täter, sondern auch gegen diejenigen, die ihren Blick auf das Amt statt auf die Opfer und auf den Himmel gerichtet haben. Wer wird wie Daniel nun gegen die Täter und gegen die Kirche seine Stimme erheben und durch ein gerechtes Gericht Gottes Willen auf Erden durchsetzen?

Von Gott berufen

„Immer weniger Gläubige, immer weniger Priester, immer mehr offene Stellen“ – mit dieser Feststellung beschreibt Giovanni Di Lorenzo in einem Interview mit Papst Franziskus prägnant ein Hauptproblem der katholischen Kirche in Europa. Papst Franziskus würdigt in seiner Antwort auf Di Lorenzos Worte das Engagement der Laien, besonders der Frauen, zugleich sieht er das Problem des Priestermangels, der es manchen Gemeinden nicht mehr ermöglicht, sonntags eine Eucharistie zu feiern: „Viele Gemeinden haben brave Frauen: Sie erhalten den Sonntag aufrecht und feiern Wortgottesdienste, also ohne die Eucharistie. Das Problem ist aber der Mangel an Berufungen. Und dieses Problem muss die Kirche lösen."[8] Die Zahl der deutschlandweiten, jährlichen Priesterweihen sinkt seit Jahrzehnten kontinuierlich. 1962 wurden noch 557 neue Priester geweiht, 2015 waren es nur noch 58. Dieser Mangel an Berufungen zeichnet ein düsteres Bild, wenn man theologisch davon ausgeht, dass man zum Priestertum „nach dem Vorbild der Propheten und Apostel von Gott berufen" wird. Wenn Gott die einzelne Person, einen Mann, zum Priestertum beruft, aber es einen Priestermangel gibt, dann stellen sich, wie Stefan Kiechle es formuliert, „eminent spirituelle Fragen, etwa danach, ob Gott die Priester nicht mehr braucht oder nicht mehr will, denn sonst würde er ja mehr und gute berufen"[9].

Zum Priester wird man nach der Lehrmeinung der katholischen Kirche von Gott berufen: „Keiner maßt sich dieses Amt selbst an. Man muß dazu von Gott berufen sein [Vgl. Hebr 5,4.]" (KKK 1578). In der Belegstelle aus dem Hebräerbrief verweist der biblische Autor auf den alttestamentlichen Hohepriester, der von Gott für sein Amt bestimmt wird: „Denn jeder Hohepriester wird aus den Menschen genommen und für die Menschen eingesetzt zum Dienst vor Gott, um Gaben und Opfer für die Sünden darzubringen. […] Und keiner nimmt sich selbst diese Würde, sondern er wird von Gott berufen, so wie Aaron" (Hebräer 5,1.4). Im Alten Testament ist Aaron, der Bruder Moses, von Gott zum Hohepriester auserwählt worden und deshalb kann nur ein Nachfahre Aarons ein Hohepriester Israels sein (siehe Exodus 28,1 und Numeri 3,10). Die Auserwählung Aarons wird zur Berufung für seine Nachkommen, aus denen jeweils der Hohepriester stammt. Der Hebräerbrief hingegen sieht in Jesus Christus den vollkommenen, endgültigen und ewigen Hohepriester (Hebräer 7,11–28), der das aaronitische Priestertum abgelöst hat.

Im Katechismus der Katholischen Kirche wird mit Verweis auf Johannes 21,22 betont, dass die Priesterweihe als Sakrament einen persönlichen Charakter hat (KKK 878) – man wird persönlich zu diesem Dienst berufen. „Du folge mir nach!" (Johannes 21,22). Mit diesem Imperativ weist Jesus nach seiner Auferstehung Petrus zurecht, der ihn nach dem Schicksal des Lieblingsjüngers gefragt hatte. Dies ist im Johannesevangelium das letzte Wort Jesu. Es ist eine Aufforderung zum Gehorsam gegenüber und zur Anerkenntnis des Lieblingsjüngers, der als Autorität hinter dem Johannesevangelium steht (Johannes 21,24–25). Vollständig lautet das letzte Wort Jesu im Johannesevangelium: „Jesus sagte zu ihm [Petrus]: Wenn ich will, dass er [der Jünger, den Jesus liebte] bleibt, bis ich komme, was geht das dich an? Du [Petrus] folge mir nach!" (Johannes 21,22). Dass der Aufruf zur Nachfolge und die Berufung zum Apostel durch Jesus Christus kein Widerwort zulässt, sondern einnehmend ist, zeigt deutlich die Erzählung der Berufung der ersten Jünger im Matthäusevangelium, auf die der Katechismus der Katholischen Kirche ebenso hinweist: Jesus ruft zur Nachfolge und Petrus, Andreas, Jakobus und Johannes lassen alles stehen und liegen und folgen dem Ruf (Matthäus 4,18–22) – ohne Nachfrage, ohne Widerwort, ohne Zweifel. Wenn Gott ruft, hat der Mensch zu folgen.

Einer Berufung durch Gott kann man sich nicht entziehen, sie ist sozusagen „unwiderstehlich". Plastisch zeigt dies das Buch Jona auf. Weder mithilfe eines Schiffes noch im Bauch eines Fisches kann Jona seinem Auftrag entgehen. Die Berufung durch Gott ist eine endgültige Entscheidung, der sich der Mensch fügen muss. Daher ist es auch nicht verwunderlich, dass dieser radikale, göttliche Eingriff im Alten Testament nur sehr selten berichtet wird. Eine Berufung durch Gott ist kein Allerweltsereignis. Im Alten Testament werden nur Mose (Exodus 3,10), Josua (Deuteronomium 31,23; Josia 1,2) und die Propheten Jeremia (Jeremia 1,5) und Ezechiel (Ezechiel 2,3) in direkter Anrede von Gott zu ihrem Auftrag berufen. Die Tragweite einer Berufung durch Gott und die Unentziehbarkeit dieser Anrede wird in der Berufung Jeremias deutlich: „Das Wort des HERRN erging an mich [Jeremia]: Noch ehe ich dich im Mutterleib formte, habe ich dich ausersehen, noch ehe du aus dem Mutterleib hervorkamst, habe ich dich geheiligt, zum Propheten für die Völker habe ich dich bestimmt" (Jeremia 1,4–5). Das zweifelnde Widerwort Jeremias bleibt bedeutungslos. Die Berufung durch Gott ist ein auszuführender Befehl. „Da sagte ich [Jeremia]: Ach, Herr und GOTT, ich kann doch nicht reden, ich bin ja noch so jung. Aber der HERR erwiderte mir: Sag nicht: Ich bin noch so jung. Wohin ich dich auch sende, dahin sollst du gehen, und was ich dir auftrage, das sollst du verkünden" (Jeremia 1,6–7). Paulus spielt in Galater 1,15 an das Selbstverständnis Jeremias an, um seine Berufung zum Apostel zu beschreiben. Eine Berufung durch Gott ist ein weltveränderndes Ereignis. Eine Berufung durch Gott muss aber nicht immer in unmittelbarer Anrede geschehen. Das Alte Testament berichtet auch von vermittelten Berufungen. So werden nacheinander sowohl Saul als auch David als erste Könige Israels durch Samuel in ihr Amt berufen – aber in beiden Fällen weist der Prophet deutlich darauf hin, dass Gott das eigentliche Subjekt der Berufung ist (siehe 1 Samuel 10,1 und 16,12–13). So beruft Gott im Alten Testament auch andere Könige, militärische Führer und Propheten durch Vermittler. Dabei fällt auf, dass, abgesehen von der Auserwählung von Aaron, keiner der späteren Hohepriester von Gott zu seinem Amt berufen wird. In diesem Zusammenhang macht Aaron Schart eine für das Verständnis von Berufung grundlegende Beobachtung: „Zusammenfassend kann man sagen, dass von Priestern keine Berufungsaussagen oder -berichte vorliegen, während in der Prophetie die mit Abstand umfänglichsten und ausdifferenziertesten Berufungsberichte erhalten sind. Im Falle der Könige existieren von solchen Königen Berufungsaussagen und Salbungsberichte, deren Thronanspruch in Frage stand, von denen die Texte aber den Eindruck vermitteln wollen, dass ihre Herrschaft von Gott her trotzdem legitim war. Dieser literarische Befund deutet daraufhin, dass man die Berufung vor allem bei denjenigen Personen explizit darlegte, die Gott abseits der gewöhnlichen Legitimierungswege berief."[10]

Im Prophetenbuch Jesaja wird das gesamte Volk Israel von Gott als „mein Berufener" (Jesaja 48,12) bezeichnet, an dem sich Gottes Herrlichkeit der Welt gegenüber offenbaren wird (Jesaja 49,3). Im Neuen Testament sind die Adressaten dieses göttlichen Berufungshandelns sowohl Israel als auch alle Christusgläubigen. Die Bezeichnung „Berufene“ wird gar zur Selbstbezeichnung der Gemeinden verwendet (siehe z.B. Römer 1,6 und Judas 1,1). Nach dem 2. Brief an die Thessalonicher wird die Verkündigung des Evangeliums als eigentlicher Akt der Berufung erklärt (2 Thessalonicher 2,14). In der Verkündigung beruft Gott die Menschen in die Gemeinschaft mit Christus (1 Korinther 1,9). Das Johannesevangelium erzählt dieses Berufungskonzept anschaulich (Johannes 1,35–51). Hier werden die ersten Jünger nicht direkt von Jesus berufen, sondern Johannes der Täufer weist von sich auf Jesus Christus als „Lamm Gottes“ und zwei seiner Jünger werden zu den ersten Nachfolgern Jesu. In der Verkündigung durch Johannes den Täufer liegt für zwei seiner Jünger die Berufung zur Nachfolge Jesu. Einer dieser Jünger ist Andreas, der gegenüber seinem Bruder Simon das Bekenntnis ablegt, dass Jesus der Messias sei. Daraufhin, also nicht aufgrund einer Berufung durch Jesus, wird Simon selbst zum Jünger Jesu. Die Berufung zur Nachfolge Jesu ist in der Verkündigung der Gläubigen verankert. Nach dem Matthäusevangelium hat Jesus nicht verkündet, dass er die Menschen einzeln zu Christusgläubigen berufen wird, am Ende des Wirkens Jesu auf der Erde steht der Missionsbefehl an die Jünger. Die von Gott berufenen Jünger sollen durch ihre Verkündigung selbst „Jünger machen“ (Matthäus 28,19).

Wenn man die Berufung zum Priesteramt Gott zuschreibt, dann zeichnen die Statistiken zu den jährlichen

Priesterweihen ein düsteres Bild. Einer Berufung durch Gott kann man nicht entgehen. Dies würde bedeuten, wie Stefan Kiechle schreibt, dass die Kirche in einer existentiellen Krise wäre, da Gott anscheinend keine neuen Priester beruft. Wenn die Berufung zum Priesteramt aber in der Verkündigung des Evangeliums verankert ist, dann ist die Kirche ebenso in einer existentiellen Krise. Die eigentliche Aufgabe von Kirche und ihren Gemeinden ist die Verkündigung des Evangeliums und die Berufung der Menschen zur Nachfolge Jesu. Aber dieser Ruf verklingt zunehmend ungehört. Berufen ist jeder Mensch. Das Problem ist nicht der Mangel – weder an Priestern noch an Gläubigen. Das Problem liegt in der Verkündigung. Diese Erkenntnis ist nicht neu. Die Kirche und ihre Gemeinden müssen sich auf ihren Auftrag der Verkündigung konzentrieren und die Menschen persönlich zum Glauben an Jesus Christus begeistern. Aus der Verkündigung erwächst das Priesteramt. Der Priestermangel ist kein Mangel an Berufungen, sondern eine Krise der Verkündigung. Die Kirche wirft momentan durch alle ihre Krisen einen dunklen Schatten, anstatt im Licht des Evangeliums voranzugehen.

Glaubensbilder in der Krise

Vom Burnout zum Tanzen

Vertrauen und Glauben stecken, wie wir bereits oben gesehen haben, in einer tiefen Krise. Wo also ist die Glaubwürdigkeit, wo die Vertrauenswürdigkeit geblieben? Worauf kann man sich noch verlassen? Woran kann man noch glauben? Vertrauen bedeutet, sich bei jemandem sicher zu fühlen, sich auf ihn verlassen zu können. Dies ist im Alten Testament eine Definition dessen, was Glauben bedeutet. Glauben bedeutet, darauf zu vertrauen, dass Gott eine verlässliche Stütze im Leben und darüber hinaus ist. Das Vertrauen ist die Grundlage der Glaubensbeziehung: „Er selbst wird den Erdkreis richten in Gerechtigkeit, den Nationen das Urteil sprechen, wie es recht ist. So wird der HERR für den Bedrückten zur Burg, zur Burg für Zeiten der Not. Darum vertrauen dir, die deinen Namen kennen, denn du, HERR, hast keinen, der dich sucht, je verlassen" (Psalm 9,9–11). Besonders in Not und Dunkelheit erinnern die biblischen Texte immer wieder daran, dass im Vertrauen auf Gott die Ruhe des Glaubens zu finden ist, die Sicherheit schenkt: „Denn so spricht der GOTT, der Herr, der Heilige Israels: Durch Umkehr und Ruhe werdet ihr gerettet, im Stillhalten und Vertrauen liegt eure Kraft" (Jesaja 30,15). Bedeutet dies ein blindes Vertrauen, das in Tatenlosigkeit einen falschen Frieden findet? Nein, der Glaube an Gott ist kein Totschweigen und kein stilles Erleiden. Vertrauen ist eine aktive Haltung, die eine gedankliche und tuende Hinwendung bedeutet. Am Anfang des Vertrauens steht die Umkehr und aus ihr entsteht Vertrauen. So gesehen ist Vertrauen eine Macht, eben eine Kraft, die ihre Wirkung entfaltet. Und das Vertrauen kennt im Alten Testament eine klare, nüchterne und zutiefst pessimistische Grenze. Auf Menschen zu vertrauen, bedeutet, sich gutgläubig, leichtfertig oder auch hochmütig in einer falschen Sorglosigkeit zu wähnen. Dies sagt zumindest der Sprachgebrauch im Alten Testament aus, wenn man die Vorkommen des hebräischen Wortes בטח (gesprochen: *batach*), das „vertrauen" bedeutet, betrachtet. Die einzige Ausnahme ist das Vertrauen auf die eigene Ehefrau – dieses wird sogar gefordert (Sprichwörter 31,11). Aber ansonsten gilt: Auf Menschen allein ist kein Verlass! Am deutlichsten wird dies im Buch Jeremia formuliert: „Verflucht der Mensch, der auf Menschen vertraut, auf schwaches Fleisch sich stützt und dessen Herz sich abwendet vom HERRN" (Jeremia 17,5). Dabei macht es keinen Unterschied, welch hohen Status ein Mensch innehat oder welches Amt er bekleidet. „Besser, sich zu bergen beim HERRN, als zu vertrauen auf Menschen. Besser, sich zu bergen beim HERRN, als zu vertrauen auf Fürsten" (Psalm 118,8–9). Ja, im Vertrauen soll der Mensch gar selbstkritisch sein und sich selbst relativieren. „Wer auf seinen eigenen Verstand vertraut, ist ein Tor [...]" (Sprichwörter 28,26). Selbst auf die heiligste, innerweltliche Institution, den Tempel Gottes, darf nicht vertraut werden! Denn auch sie ist nach dem Propheten Jeremia nur ein vergängliches Werk, das keine dauerhafte Sicherheit gewährt – ja, sogar den Glauben fehlleiten kann: „Vertraut nicht auf die trügerischen Worte: Der Tempel des HERRN, der Tempel des HERRN, der Tempel des HERRN ist dies! [...] so werde ich mit dem Haus, über dem mein Name ausgerufen ist und auf das ihr euch verlasst, und mit der Stätte, die ich euch und euren Vätern gegeben habe, so verfahren, wie ich mit Schilo verfuhr" (Jeremia 7,4.14). Der Tempel von Schilo, der bereits oben erwähnt wurde, ist in der Bedeutungslosigkeit verschwunden und der Tempel in Jerusalem wurde zweimal zerstört, ohne am Ende wieder von Gott aufgerichtet zu werden. Die Texte des Alten Testament kennen in diesem Fall keinen Zweifel: Wer sich auf Menschen verlässt, auf ihre Macht und ihre Institutionen, ist verlassen. Alles wird relativiert, wenn es nicht zum Vertrauen auf Gott beiträgt, das zum Glauben führt.

Glaubensdefinition

Der Glauben ist profan – zumindest von seiner Wortherkunft. Im Alten Testament bedeutet die mit dem Verb „glauben" verbundene Handlung beständige Treue oder besser: beständiges Vertrauen. Das hebräische Verb, aus dem sich der Begriff des Glaubens ableitet, ist אמן (gesprochen: *aman*). Seine Grundbedeutungen sind „fest, beständig, zuverlässig sein". Das Verb wird nicht exklusiv benutzt, um das rechte Verhältnis des Menschen zu Gott und seiner Offenbarung zu beschreiben. Sondern „glauben" bedeutet, dass man sich besser nicht blind auf Menschen verlassen sollte. Das Alte Testament kennt auch den Glauben an Menschen – aber nur in einem besonderen, außergewöhnlichen Fall. Nach der Errettung Israels aus Ägypten und nachdem das Volk trockenen Fußes durch das Meer den Ägyptern endgültig entflohen war, berichtet der biblische Erzähler: „Als Israel sah, dass der HERR mit mächtiger Hand an den Ägyptern gehandelt hatte, fürchtete das Volk den HERRN. Sie glaubten an den HERRN und an Mose, seinen Knecht" (Exodus 14,31). Das Volk glaubte nicht nur an Gott, sondern auch an Mose – sie vertrauten ihm. Dem Glauben an Menschen stehen aber ansonsten die Propheten sehr kritisch gegenüber. Der Prophet Micha warnt das ungläubige Volk: „Traut dem Nachbarn nicht, verlasst euch nicht auf den Freund! Vor ihr, die an deiner Brust liegt, hüte die Pforten deines Mundes!" (Micha 7,5) – und er selbst vertraut nur noch auf Gott als Retter: „Ich aber schaue aus nach dem HERRN, ich warte voll Vertrauen auf den Gott meiner Rettung. Mein Gott wird mich erhören" (Micha 7,7).

Gläubige Menschen vertrauen nicht blind auf andere Menschen und sie glauben nicht alles, was sie hören. Dem Glauben liegt gerade eine bewusste Kritik an allem Menschlichen zugrunde, denn durch ihn erst erkennt man die Wahrheit in der Welt: „Alle, die auf ihn [Gott] vertrauen, werden die Wahrheit erkennen und die Treuen werden bei ihm bleiben in Liebe. Denn Gnade und Erbarmen werden seinen Heiligen zuteil und Rettung seinen Erwählten" (Weisheit 3,9). Glauben bedeutet nicht, auf Hierarchien und Strukturen zu vertrauen, sondern mit dem Blick auf Gott auf Gnade und Erbarmen zu hoffen. Der erste Schritt dazu ist die eigene Ausrichtung am Willen Gottes, um in kritischer Einsicht in der Welt wirken zu können: „Gutes zu verstehen und zu erkennen, lehre mich, denn ich glaube deinen Geboten!" (Psalm 119,66).

Glaubt ihr nicht, so bleibt ihr nicht!

Wo ist dieser Glaube in all den Aufbrüchen, die eine sogenannte Glaubenskrise beklagen und alten Ballast abwerfen wollen? Wie das Kirchenjahr immer wieder denselben Zyklus durchläuft, so scheinen manchmal die Klagen über die Amtskirche und die Situation der Gemeinden in einer Dauerschleife gefangen zu sein. Für die einen ist die Kirche zu liberal, für die anderen ist sie zu konservativ. Aber wenn alle in verschiedene Richtungen aufbrechen, dann steht man einander am Ende nur mit den Rücken gegenüber und entfernt sich voneinander.

Es ist ein Trugschluss, wenn man meint, dass ein Aufbruch zu Gott führt. Ein Aufbruch im Glauben beginnt bei Gott: אם לֹא תאמינו כי לֹא תאמנו (gesprochen: *im lo taaminu ki lo teamenu*) – „Glaubt ihr nicht, so bleibt ihr nicht" (Jesaja 7,9). Mit dieser Aufforderung ruft der Prophet Jesaja dem König Ahas im Angesicht der feindlichen Armee, die gegen Jerusalem vorrückt, Mut zu. Das diesen Worten zugrundeliegende Wortspiel und damit deren Bedeutung wird jedoch in dieser Übersetzung nicht deutlich. Beide Teile des Satzes verwenden dasselbe Verb, aber in verschiedenen Formen. Das erste אמן, das hier mit „glauben" übersetzt ist, meint ein innerliches Faktum. Es drückt eine Handlung aus, die die Person in einen Zustand versetzt. Dieser Zustand ist die Festigkeit im Glauben. Man könnte ebenso übersetzen: „Wenn ihr euch nicht in Festigkeit versetzt [...]". Nun fehlt aber ein Objekt. Was wird geglaubt oder was ist die Grundlage dieser Festigkeit? Der Gebrauch des Verbs ohne ein Objekt findet sich häufig im Alten Testament, wenn es um Gott und sein Handeln geht – wie es sich auch aus dem Kontext dieses Verses erschließt. Daher könnte man auch freier übersetzen: „Wenn ihr euer Handeln nicht festmacht / verankert in Gott und seinem Handeln [...]". Der Rest des Verses zeigt die Abhängigkeit der glaubenden Person an. Das zweite Vorkommen des Verbs אמן, nun in einer anderen Form, wandelt die Aufforderung zum Glauben in eine Mahnung: Wer nicht an Gott und sein Handeln glaubt und darauf vertraut, wird keinen Bestand haben, denn Rettung findest sich nur bei Gott. So könnte man den Vers insgesamt, dem hebräischen Wortspiel annähernd gerecht werdend, folgendermaßen übersetzen: „Wenn ihr Euch nicht fest macht [im Glauben an Gott], dann werdet ihr nicht fest stehen." Nur wer in Gott seinen zuverlässigen Halt findet, steht auf festem Grund.

Für das Christentum ist die Mitte des Glaubens der Tod und die Auferstehung Jesu – für die Gläubigen ist dies weder konservativ noch liberal, weder links noch rechts. Es ist das, was im Fokus steht und dem alles Weitere entwächst. Man muss nicht zu allem Ja sagen – aber der Glaube ist das gemeinsame Fundament. Er ist das unumstößliche Amen, auf das man von links oder rechts ausgerichtet ist – und wenn man darauf fokussiert bleibt, sieht man durch es hindurch auch die andere Seite. Man sieht das Angesicht des Gegenübers im Herzen des Glaubens.

Glaubenslachen

In vielen Fällen ist der Glaube innerkirchlich gerade der Anfangspunkt der Konflikte. Und von außen wird er mancherorts als Torheit gesehen, die zum Spott einlädt. Glaube ist, wenn man trotzdem lacht. Es ist ein „Trotzdem" im Angesicht der Krisen und der Konflikte, ein großer Freudenjubel entgegen allem Zweifel – und manches Spottgelächter wandelt sich zu einem Bekenntnis.

Als Gott dem 100-jährigen Abraham verheißt, dass ihm ein Sohn von seiner 90-jährigen Ehefrau Sara geboren werde, ist seine Reaktion sehr menschlich: „Da fiel Abraham auf sein Angesicht nieder und lachte. Er sprach in seinem Herzen: Können einem Hundertjährigen noch Kinder geboren werden und kann Sara als Neunzigjährige noch gebären?" (Genesis 17,17). Er fällt ehrerbietend auf den Boden und unterwirft sich Gott. Diese Handlung zeigt an, dass er das Gotteswort ehrfürchtig annimmt – aber er lacht. Die Verheißung erscheint ihm absurd. Ein vernünftiger Mensch kann einem solchen angekündigten Wunder nur mit Zweifel begegnen. Auch Sara reagiert so auf diese

Verheißung, als sie ihr eröffnet wird: „Abraham und Sara waren schon alt; sie waren hochbetagt. Sarah erging es nicht mehr, wie es Frauen zu ergehen pflegt. Sara lachte daher still in sich hinein und dachte: Ich bin doch schon alt und verbraucht und soll noch Liebeslust erfahren? Auch ist mein Herr doch schon ein alter Mann!" (Genesis 18,11–12). Sowohl das Lachen Abrahams als auch Saras haben ein doppeltes Gesicht. Das im hebräischen Text stehende Verb, das hier mit „lachen" wiedergegeben wird, ist צחק (gesprochen: *tzachak*). Es meint ein ausgelassenes Lachen und Scherzen. Wenn man aber das sich von diesem Wort ableitende Substantiv in der Hebräischen Bibel nachschlägt, zeigt sich, dass es sowohl zur Freude als auch zum Spott dient (siehe Ezechiel 23,32). Doch wer spottet hier wem? Auf Abrahams Lachen geht Gott in Genesis 17 nicht ein. Er ignoriert es. Er wiederholt nur seine Verheißung. Doch bei Saras Lachen hakt er nach: „Ist denn beim HERRN etwas unmöglich?" (Genesis 18,14). Die Antwort lautet nein – und dessen ist sich auch Sara bewusst, die von Gott kritisiert das eigene spöttische Lachen leugnet. Durch die Geburt Isaaks wandelt sich Saras Spottgelächter in Freudenjubel. Bereits der Name des Kindes selbst ist sprechend: יצחק (gesprochen: *Itzchak*) bedeutet entweder „er lacht" oder „er wird lachen". Auf Abrahams und Saras spottendes Lachen folgt das wissende, freudige Lachen über die Erfüllung der Verheißung. In Isaak personalisiert sich das Lachen als Freude über die Macht Gottes. So ruft Sara nach der Beschneidung Isaaks: „Gott ließ mich lachen; jeder, der davon hört, wird mir zulachen" (Genesis

21,6). Wörtlich heißt es im hebräischen Text: „Gott hat mir ein Lachen gemacht". Er hat ihren spottenden Zweifel in Freude gewandelt und dieses Lachen ist ansteckend. Wer von ihrem Glück, dem Wunder, hört, wird sich mit ihr freuen – oder in Spottgelächter über sie ausbrechen, weil sie dachte, dass bei Gott etwas unmöglich sei. Der Blick auf die Erzeltern Israels lehrt, dass der kritische Glaube am Ende zu einer lachenden Existenz führt.

Ausgebrannter Glauben

Zwischen den Nachrichten über Kirchenaustritte, Kirchenschließungen und den schlimmsten Skandalen, bleibt einem das fröhliche Lachen im Hals stecken. Die Realität ist häufig ein Schlag ins Gesicht, der alle aus dem Glauben geschöpfte Kraft in einem Burnout und in Depressionen enden lässt.

Das Brennen für den Glauben und aus dem Glauben heraus kann leicht zum Ausbrennen führen – dem Burnout. Das, was man als Burnout-Syndrom bezeichnet, ist im klassischen Sinne keine Krankheit, sondern ein Problem der Lebensbewältigung. Es handelt sich um eine körperliche, geistige und emotionale Erschöpfung, die durch eine Überbelastung entsteht. Der Stress trifft auf eine verminderte Belastbarkeit und kann nicht mehr bewältigt werden. Das blühende Leben wird zur trostlosen Wüste. Man bricht unter der Last zusammen und resigniert wie der Prophet Elija: „Nun ist es genug" (1 Könige 19,4b). Die Bezeichnung „Burnout" wurde durch den Schriftsteller

Graham Greene und durch den amerikanischen Psychologen Herbert Freudenberger in den 1970er Jahren geprägt. In früheren Zeiten wurden unter Priestern und Pastoren das Ausgebrannt-Sein durch die eigene Sendung und die Ermattung durch den alltäglichen Stress bis hin zu Suizidgedanken als „Elija-Müdigkeit" bezeichnet.

Elija ist ein mächtiger Prophet. Von Gott beauftragt, zeigt er die Machtlosigkeit der Propheten des Baal und der Propheten der Aschera auf. Er besiegt sie und beweist König Ahab und dem Volk Israel, dass allein JHWH ein mächtiger Gott ist. Doch auf den Höhepunkt des Erfolgs erfolgt Elijas persönlicher Tiefpunkt. Er ist in seiner Person zutiefst mit seinem Auftrag verbunden: Er ist der Prophet Gottes. Aber seine Macht ist durch Königin Isebel, die phönizische Ehefrau Ahabs, begrenzt; sie lässt sich von seinen Wundertaten nicht bekehren. Ihre Reaktion führt zum persönlichen Misserfolg Elijas. Als sie von seinen Taten hört, lässt sie ihm ausrichten: „Die Götter sollen mir dies und das antun, wenn ich morgen um diese Zeit dein Leben nicht dem Leben eines jeden von ihnen [gemeint sind die getöteten Propheten des Baal und der Aschera] gleichmache" (1 Könige 19,2). Elijas Triumph endet in seinem Todesurteil. Elija hatte für und mit Gott Übermenschliches vollbracht, aber es genügte nicht, die Königin zur Umkehr zu bewegen. Der Weg vom Himmelhochjauchzen führt in die persönliche Isolation des Zum-Tode-betrübt-Seins. Er stellt sich nicht der Königin entgegen, er vertraut nicht auf Gottes Beistand, sondern ergreift die Flucht. Er flieht aus dem Machtbereich Isebels in die Wüste, die nach dem

Weltbild des Alten Testaments dem Totenreich vergleichbar ist. Sie ist eine gegenmenschliche Welt. Elija wählt den selbstbestimmten Tod in der Wüste: „Dort setzte er sich unter einen Ginsterstrauch und wünschte sich den Tod. Er sagte: Nun ist es genug, HERR. Nimm mein Leben; denn ich bin nicht besser als meine Väter" (1 Könige 19,4).

Kein Mensch im Alten Testament setzt so deutlich wie Elija einen Endpunkt: Er, der Prophet Gottes, gibt sich auf und schleudert, dem, der ihn berufen hat, seinen Todeswunsch als Imperativ entgegen. Besonders vielsagend ist die Begründung: Er vergleicht sich mit seinen Vorfahren und zeigt damit, dass er seinem hohen Anspruch an sich selbst nicht genügt. Der Anspruch, das leisten zu können, was keiner zuvor geleistet hat, endet in der Selbstaufgabe. Elija ist erschöpft und ausgebrannt: „Dann legte er sich unter den Ginsterstrauch und schlief ein" (1 Könige 19,5a). Völlig am Boden zerstört, bedarf es einer Stütze, die Elija wiederaufrichtet. In der Erzählung ist es ein Engel, der die göttliche Therapie für Elija beginnt. Gott verurteilt Elija weder für seine Flucht noch für seinen Todeswunsch – er erhört aber auch nicht seine Bitte. Kurz nachdem Elija eingeschlafen ist, wird er aus seiner Ruhe aufgeweckt. Es erfolgt keine Maßregelung, sondern ein positiver und fürsorgender Befehl: „Doch ein Engel rührte ihn an und sprach: Steh auf und iss!" (1 Könige 19,5b). Der Engel stärkt Elija mit Brot und Wasser, damit er nach den Geschehnissen wieder zu Kräften kommt – und dann, wenn Elija wieder ruhen will, erscheint der Engel erneut: „Steh auf und iss! Sonst ist der Weg zu weit für dich" (1 Könige

19,7b). In den Worten des Engels wird der von Elija zuvor mit dem Todeswunsch definierte Endpunkt zu einer Wegmarke umgedeutet. Im hebräischen Text zeigt sich dies sehr deutlich in einer Wortaufnahme. Das finale „Genug!“ ist im Hebräischen dasselbe Wort, das in den Worten des Engels die große Distanz des vor Elija liegenden Weges bezeichnet (רב, gesprochen: *rav*). Elijas Tiefpunkt ist also kein Endpunkt. Die Fürsorge des Engels zeigt einen Weg auf. Dabei handelt es sich nicht um einen neuen Arbeitsauftrag, sondern der Engel schickt Elija noch weiter in die Wüste – hin zum Gottesberg Horeb. Dieser Berg ist die im Buch Deuteronomium verwendete Bezeichnung für den Berg Sinai. Es handelt sich um den Ort, an dem Gott Israel in der Wüste nach dem Auszug aus Ägypten erschienen ist. Der Auszug aus Ägypten in das verheißene Land ist untrennbar mit dem Durchzug durch die Wüste verbunden. Es ist der Ort der Läuterung des Volkes, an dem eine (neue) Beziehung zu Gott möglich wird. So bietet die Wüste aus der Perspektive der Geschichte Israels auch eine Hoffnungsperspektive. Im Prophetenbuch Jesaja ist die Wüste das Sinnbild für die Rückkehr in das verheißene Land (siehe Jesaja 40,1–11), denn Gott wird die Macht zugeschrieben, selbst aus Wüsten blühende Landschaften zu machen (siehe Jesaja 41,19–20). Am Gottesberg angekommen, steht der gescheiterte Arbeitnehmer vor seinem Arbeitgeber. Der Einzelkämpfer Elija steht vor dem Grund seines Eifers. Er ist sich seiner Sendung bewusst, aber er kann sie nicht mehr bewältigen. Als Antwort auf seine Verzweiflung tritt ihm Gott gegenüber. Er zeigt sich Elija nicht in einer großen Geste, sondern in einem „sanften, leisen Säuseln“ (1 Könige 19,12b). Gott zeigt sich in einem Akt der Ruhe, den Elija benötigt. Zuvor ersteht vor Elija ein Sturm, ein Erdbeben und Feuer. Aber in keiner dieser gewalttätigen Erscheinungen begegnet ihm Gott. Es ist nicht das Beeindruckende und Bedrückende, in dem Elija seine Stärkung erfährt, sondern es ist das Leise. Die Stärke, mit der sich Gott im Handeln gegen die Propheten des Baal und der Aschera gezeigt hatte – Gottes Feuer hatte die Brandopfer verzehrt (siehe 1 Könige 18,38) –, zeigt sich nun im Unscheinbaren. Das Schwache wird zum Bild Gottes. Diese Fürsorge und Milde ist der Ausgangspunkt für die Rückkehr Elijas in seine Tätigkeit als Prophet. Er wird ausgesandt nach Damaskus, um dort Hasaël zum König über Aram zu salben. Von dort soll er zurückkehren in seinen alten Wirkbereich und einen zweiten Auftrag ausführen: „Jehu, den Sohn Nimschis, sollst du zum König von Israel salben und Elischa, den Sohn Schafats aus Abel-Mehola, salbe zum Propheten an deiner Stelle“ (1 Könige 19,16). Elija wird wieder zum Werkzeug Gottes, aber dem Einzelkämpfer stellt Gott einen zweiten Propheten, Elischa, zur Seite. Der Prophet ist in seiner Aufgabe nicht mehr allein, ihm wird eine Hilfe zur Seite gestellt.

Elija ist ein Prophet, das heißt im biblischen Sinne, dass seine Person völlig in seiner Aufgabe aufgeht. Hierbei stoßen seine Kräfte an die Grenzen der eigenen Kompetenz und der Misserfolg wird zur Krise, die in die Isolierung führt. Er zerbricht auch an dem Bild, das er von sich selbst hat. In dieser Situation äußert Elija den Todeswunsch. Er hat sich aufgegeben und er selbst kann sich nicht mehr helfen. Die Elija-Geschichte entwickelt in dieser erzählten Situation therapeutische Konzepte, wie Traugott Ulrich Schall in seinem Buch „Erschöpft – müde – ausgebrannt" aufgezeigt hat: (1.) Elija darf von der Arbeit ausruhen; (2.) er erfährt Fürsorge durch andere.; (3.) er wird in die notwendige Distanz zu seiner Arbeit geführt; (4.) die Gotteserfahrung bietet ihm eine neue Weltsicht; (5.) die neuen Aufgaben, die sich ihm stellen, sind schaffbar; (6.) Elija wird nicht alleingelassen, an seiner Seite steht fortan ein Helfer. Elija wird mit seinem ausgebrannten Glauben nicht allein gelassen. In seiner selbstgewählten Isolierung kommt der Engel zu ihm und sendet ihn zu Gott, der Elija ganz entsprechend seiner körperlichen und psychischen Verfassung begegnet. Die Kirche braucht wieder diese Gotteserfahrung – aber da sie nicht zu erzwingen ist, sind die Gläubigen untereinander auf die mitmenschliche Rücksicht und Fürsorge angewiesen. Diese mitmenschliche Verantwortung muss dazu führen, dass man zum anderen sagt: „Steh auf und iss! Sonst ist der Weg zu weit für dich" (1 Könige 19,7b) – und so aus der vermeintlichen Glaubenswüste einen Ort der kraftspendenden Begegnung erschafft. Wenn die Gläubigen in den Krisen der Kirche vereinsamen, wäre dies das Ende!

Einsamkeit im Glauben

In der Schöpfung des Menschen betont das Buch Genesis bereits am Anfang, dass der Mensch ein *homo socius* ist: „Dann sprach Gott, der HERR: Es ist nicht gut, dass der Mensch alleine ist“ (Genesis 2,18). Aus diesem Grund schuf Gott aus Adam Mann und Frau. Die Schöpfung Gottes wäre nicht gut, wenn sie in Einsamkeit geendet wäre. Der Mensch ist ein zur Gesellschaft geschaffenes Wesen, das nach alttestamentlicher Sicht nur in ihr sein Glück findet. Im Buch Kohelet wird gar vor einem übertriebenen Individualismus nicht nur in der Arbeitswelt, sondern auch im Leben allgemein gewarnt (Kohelet 4,7–12). Das in der Schöpfungsgeschichte verwendete Wort, das hier mit „alleine sein“ übersetzt wird, ist לבד (gesprochen: *levad*). Es bedeutet so viel wie „getrennt/abgetrennt“ und leitet sich vom Wort בד (gesprochen: *bad*) ab, das ein vom Ganzen abgetrenntes Teilstück bezeichnet. Ohne soziales Umfeld ist der Mensch unvollständig. Die Psalmen bieten dem einsamen Menschen Hoffnung in der Anrede Gottes. Vollends allein ist der Gläubige nie. Der Beter kann sich in der beklagten Einsamkeit an Gott wenden, wie dies auch Elija mit seinem düsteren Todeswunsch getan hat: „Wende dich mir zu und sei mir gnädig; denn ich bin einsam und arm!“ (Psalm 25,16). Einsamkeit bedeutet aus alttestamentlicher Perspektive immer Not, einen unheilen Zustand. Mit Gott können diese Vereinzelung und Isolierung ertragen und überwunden werden. Geheilt wird Einsamkeit in der menschlichen Gesellschaft aber nur, wenn der theologische Grundsatz „Es ist nicht gut, dass der Mensch alleine ist“ gelebt wird. Der Glaube blüht erst in der Gemeinschaft auf – und nur in ihr kann die häufig anzutreffende depressive Sicht auf die Zukunft des Glaubens und der Kirche bewältigt werden.

Anti-Depressivum

Die Depression rückt alles Negative im Leben nicht nur ins Zentrum, sondern sie vergrößert es auch riesenhaft und lässt es unertragbar werden. Sie ist eine „personale Erkrankung": Eigentlich elementare Herausforderungen des Alltags führen zu niederdrückenden komplexen psychosomatischen Reaktionsweisen nach außen, die dem sozialen Umfeld anzeigen, dass die erkrankte Person den Zusammenbruch ihrer Lebenskraft erlebt; die Folge sind Apathie und innere emotionale Leere. Und Depression ist nicht nur ein Phänomen der Moderne, sondern auch eine menschliche und biblische Erfahrung.

In den Samuelbüchern wird König Sauls Depression als ein „ein böser Geist" in der Person beschrieben, der ihn regelmäßig überfallartig „verstörte" (1 Samuel 16,14). In der Geschichte Sauls hängt die Depression mit der Verwerfung durch Gott zusammen und Erleichterung verschafft ihm eine Musiktherapie durch den Leierspieler und zukünftigen König David. „Sooft nun ein Geist Gottes Saul überfiel, nahm David die Leier und spielte darauf. Dann fühlte sich Saul erleichtert, es ging ihm wieder gut und der böse Geist wich von ihm" (1 Samuel 16,23). Eine Depression geht mit einer tiefgreifenden Veränderung, einer Einengung einher, aus der es scheinbar kein Entrinnen gibt. Der leidenden Person muss Raum zum Durchatmen verschafft werden. Die David, dem Leierspieler und König, zugeschriebenen Psalmen bieten seit Jahrhunderten Betenden Worte, um durch Klage, Bitte und Hilfeschreie ihre je eigene Not ausdrücken zu können und sich so Luft zu verschaffen. Athanasius von Alexandrien hob als besondere Eigenschaft des Psalters hervor, „dass die Psalmen auf den, der sie singt, wie ein Spiegel wirken; er kann sich selbst und die Regungen seiner Seele in ihnen betrachten und sie in dieser Erkenntnis beten“[11]. Aber gerade für depressive Menschen können Psalmenworte auch einer Gottes- oder Lobvergiftung gleichkommen. Der häufig in den Psalmen anzutreffende Weg von der Klage zum Lob kann nur nachvollzogen werden, wenn die Worte eigene Erfahrungen widerspiegeln, wenn dieser Stimmungsumschwung Ausdruck eines Kampfes, einer Bewegung, eines aktiven Prozesses ist, der sich im Menschen abspielt, ansonsten sind die Psalmen nur leere Worthülsen. Die Verbalisierung der Gefühle ist ein erster Schritt aus der Depression und als Sprachangebot können Psalmen ein poetisch-theologisches Anti-Depressivum sein.

Im Allgemeinen und im besonderen Fall der Depression ist der Gottglaube keine selbstverständliche Voraussetzung. Im Angesicht des strafenden Gottes, wie im Falle Sauls, kann das Gottesbild gar Teil des Problems und nicht der Lösung sein. Das Gebet kann auch in der Finsternis enden, wie es Psalm 88 zeigt. In dieser Finsternis ist Gott nicht gegeben, sondern nur als Gegenüber eine Möglichkeit, ein Ansatzpunkt für die Hoffnung, dass es einen Ausweg aus der gefangennehmenden Enge und Sinnleere gibt. Ohne diese Hoffnung ist keine Therapie möglich. Psalmen stellen aber keine Therapie dar, sondern ein Sprachangebot, mit dessen Hilfe man die Gefühlswelt ausbuchstabieren kann vor einem Gegenüber. In den Psalmen ist dieses

Gegenüber Gott. In den Texten schafft er einen Raum, der es jeder und jedem Einzelnen und der Gemeinschaft der Glaubenden ermöglicht, sich zu sich selbst zu verhalten, statt in sich selbst gefangen zu sein.

Ein solches Sprachangebot ist zum Beispiel Psalm 38. Im Kontext der Klage und Bitte zeigen sich in den Worten des Psalmisten verschiedene Symptome einer Depression. Der Beter fühlt sich erstarrt, zerschlagen und vereinsamt (Verse 9 und 14). Besonders in Vers 7 finden sich Worte, mit denen sich jemand in einer Depression identifizieren kann: „Ich habe mich gekrümmt, bin tief gebeugt, den ganzen Tag ging ich trauernd einher" (Psalm 38,7). Während üblicherweise der zweite Teil des Verses als Trauerritus übersetzt wird, hat der Alttestamentler Bernd Janowski auf die eigentliche Grundbedeutung des verwendeten Verbs „schwarz werden, sie verfinstern" verwiesen: „Mit dem ‚Schwarz-/Finster-Werden' kann grundsätzlicher das Schwinden der Lebenskraft, also der psychosomatisch erlebte Einbruch der ‚Finsternis' […] gemeint sein […]. Was ‚hell' ist, gehört nach altorientalischer wie biblischer Auffassung auf die Seite des Kosmos / des Lebens, und was ‚dunkel' ist, auf die Seite des Chaos/des Todes"[12] (siehe Psalm 13,2–5). Ob depressive Personen oder Teile der Kirche aus dieser Finsternis herauskommen und sie so wie der Beter als Vergangenheit beschreiben können, hängt davon ab, ob sich ein Stimmungsumschwung ereignet und die betende Person, wenn sie gläubig ist, die letzten Worte des Psalms zu den eigenen machen kann: „Eile mir zu Hilfe, JHWH, du mein Heil!" (Psalm 38,23). Dazu braucht es in den Worten Erich Fromms nicht weniger als ein „einer Offenbarung vergleichbares Erlebnis“[13]. Solange dies nicht direkt aus dem Himmel geschieht, ist hierfür eine Begegnung mit Gott im Angesicht des Nächsten nötig. Jede und jeder Gläubige ist dazu aufgerufen, „heilig zu sein“, und dadurch die Mitmenschen auf den Heiligen, Gott, zu verweisen.

Heiligkeitsstandard

Heiligkeit ist kein Eliteprogramm – sie ist kein unerreichbares Ideal, sondern „nichts anderes als die in Fülle gelebte Liebe [Jesu]“, wie Papst Franziskus in seinem Lehrschreiben „Gaudete et exsultate“ klarstellt. Christliche Existenz ist die Mitarbeit am Aufbau des Reiches Gottes und dadurch eine Sendung, ja eine Mission für jede Christin und jeden Christen. Um das christliche Grundverständnis von Heiligkeit als praktischer Lebensform zu erklären, legt er die Seligpreisungen im Matthäusevangelium aus (Matthäus 5,1–12, siehe auch Matthäus 25,31–46) und kommt zu dem Schluss: „Kann man etwa die Heiligkeit abseits dieses konkreten Anerkennens der Würde jedes menschlichen Wesens verstehen?“ Dieser Ruf zur Heiligkeit erklingt bereits im Alten Testament, wie Papst Franziskus betont: „Der Ruf zur Heiligkeit ist nämlich von den ersten Seiten der Bibel an auf verschiedene Weise präsent. So erging die Aufforderung des Herrn an Abraham: ‚Gehe vor mir und sei untadelig!‘ (Gen 17,1) […] Was ich […] mit diesem Schreiben in Erinnerung rufen möchte, ist vor allem der

Ruf zur Heiligkeit, den der Herr an jeden und jede von uns richtet, den Ruf, den er auch an dich richtet: ‚Seid heilig, weil ich heilig bin' (Lev 11,44; 1 Petr 1,16)."

Heilige gibt es nicht erst, seitdem es das Christentum gibt. Bereits der Prophet Elisa, der Nachfolger Elijahs, wird im Alten Testament als „heilig" bezeichnet (2 Könige 4,9) und der Prophet Jeremia wurde von Gott bereits vor seiner Geburt „geheiligt" (Jeremia 1,5). Heiligkeit ist hier grundgelegt in der Beziehung zu Gott und beschreibt eine dynamische Funktion. Sie ist das menschliche Wirken im göttlichen Auftrag in der Welt – so gesehen sind das Heilige und das Profane kein strikter Widerspruch. Auch die Aufforderung an Abraham ist in diesem Sinne ein Ruf zur Heiligkeit. Darin kommt das Wort „heilig" nicht vor, sondern Abraham wird aufgefordert „untadelig" zu sein. Das verwendete hebräische Wort תמים (gesprochen: *tamim*) wird häufig in den alttestamentlichen Gesetzen verwendet, um ein Opfertier als fehlerfrei und makellos zu bezeichnen. Was für ein Anspruch an das Leben Abrahams! Das Kriterium hierfür findet sich in dem Imperativ „gehe vor mir!", wörtlicher übersetzt: „wandle vor mir!" Der Lebenswandel Abrahams soll sich vollends an Gott ausrichten, bzw. ihm gegenüber verantwortet sein. Vor Gott wandeln, bedeutet im Alten Testament, sich unter seine Aufsicht zu stellen, sich von ihm leiten zu lassen und sich unter seinen Schutz zu stellen. Das Buch Levitikus erklärt, was es bedeutet, sein Leben an Gott auszurichten. Mehrfach findet sich in ihm die Aufforderung, die auch Papst Franziskus zitiert: „Erweist euch als heilig und seid heilig, weil ich heilig bin" (Levitikus 11,44; siehe auch 20,7). In Levitikus 11 dient dieser Vers zur Begründung, warum sich das Volk Israel nicht durch das Essen von Kriechtieren und Gewürm verunreinigen soll. Das Buch Levitikus setzt voraus, dass zur Heiligkeit sowohl die ethische als auch die kultische Dimension gehören. So findet sich diese Aufforderung, heilig zu sein, in einem Kapitel mit Gesetzen, die das Essen und die Nahrung betreffen.

Heiligkeit ist ein alle Lebenssphären umfassender Anspruch, der sowohl das Verhältnis zu Gott, zu den Menschen und zur Welt insgesamt definiert. Gott als Schöpfer der Welt ist das Prinzip der Heiligkeit und seine Heiligkeit hat einen verpflichtenden Charakter nicht nur im Gottesdienst, sondern auch im ethischen Handeln, wie Levitikus 19 exemplarisch verdeutlicht. Dieses Kapitel versammelt soziale, ethische und auch liturgische Einzelbestimmungen, die mit der grundlegenden Aufforderung beginnen: „Seid heilig, denn ich, der HERR, euer Gott, bin heilig" (Levitikus 19,2). Aufgrund der Heiligkeit Gottes soll Israel zum Beispiel die Elterngeneration ehren, die Sabbate halten, keine anderen Götter verehren, für die Armen und Fremden sorgen, das Recht nicht beugen, nicht hassen und den Nächsten lieben. Der Ruf zur Heiligkeit durchdringt das ganze Leben, um „voll Freude, Optimismus und Offenheit für Gottes Wort alles Mittelmaß hinter sich zu lassen und aufzubrechen"[14], wie Erzbischof Reinhard Kardinal Marx das Lehrschreiben von Papst Franziskus kommentiert. Der Aufruf zur Heiligkeit in der Bibel ist die Aufforderung, nicht nur einfach das Mittelmaß hinter sich zu lassen, sondern Gottes Willen – seine Barmherzigkeit und seine Gerechtigkeit – als Standard des menschlichen Lebens zu definieren und entsprechend den Glauben zu leben. Und dieser Glaube hat als Zeichen die ansteckende Freude an Gott.

Freut Euch, Ihr Christen

Ja, es gibt sie – die unerlösten Christen! Sie blicken auf das Kreuz – dieses christlichste aller Symbole – und sehen nur den geschlagenen, blutenden Körper Jesu, Leid und Tod. Muss man in der Nachfolge Jesu nicht selbstgewählt das Leid der gesamten Welt auf den eigenen Schultern tragen? Ja und nein, denn das Evangelium ist Freude. Christliche, missionarische Existenz bedeutet mit der verwandelnden Kraft und mit der Freude des Evangeliums in der Welt präsent zu sein. Aus dem Gefängnis schreibt Paulus an die Gemeinde in Philippi – und selbst in dieser Situation betont er die Freude als Krone des Christseins: „Freut euch im Herrn zu jeder Zeit! Noch einmal sage ich: Freut euch!" (Philipper 4,4). Die Wurzel dieser Freude liegt in dem mit Jesus Christus gewonnen Heil. Sie ist nicht situationsabhängig, sondern sie blüht allezeit. Dass diese Freude kein Selbstzweck ist, erklärt Paulus kurz darauf. Sie darf nicht nach innen gekehrt sein, sondern aus ihr folgt innerhalb der Gemeinde Eintracht und gegenseitige Achtung (Philipper 2,1–4), die als Signum der Gemeinde zur missionarischen Wirkung wird (Philipper 4,5). Freude will geteilt sein! Schon die Bibel weiß, dass Gott nicht die einzige Quelle der menschlichen Freude ist. In der Bibel gibt es viele Anlässe, sich zu freuen: Geschenke, Hochzeiten, Wiedersehen, Liebe und nicht zuletzt der Alkohol erfreuen das Herz der Menschen. Auch die weltlichen Freuden sind gottgewollt: „Du [Gott] lässt Gras wachsen für das Vieh und Pflanzen für den Ackerbau des Menschen, damit er Brot gewinnt von der Erde und Wein, der das Herz des Menschen erfreut [...]“ (Psalm 104,14–15). In den Psalmen, diesem theologischen Anti-Depressivum, ist die Freude des Beters ein Thema in seinen Bitten und im Lob. Gott selbst, seine Gnade, seine Gerechtigkeit und auch seine Gebote sind Grund zur Freude. Er selbst wird als Gott der Freude des Beters angeredet: „So will ich kommen zu Gottes Altar, zum Gott meiner Freude und meines Jubels. Ich will dir danken zur Leier, Gott, du mein Gott“ (Psalm 43,4). Wörtlich wird er vom Beter als „Gott der Freude meines Jubels“ (אל שמחת גילי, gesprochen: *el simchat gili*) angesprochen. Deshalb soll auch der Tempel ein Ort der Freude sein und Gottesdienst bedeutet „fröhlich zu sein vor JHWH“: „Du sollst vor dem HERRN, deinem Gott, fröhlich sein, du, dein Sohn und deine Tochter, dein Sklave und deine Sklavin, auch die Leviten, die in deinen Stadtbereichen Wohnrecht haben, und die Fremden, Waisen und Witwen, die in deiner Mitte leben. Du sollst fröhlich sein an der Stätte, die der HERR, dein Gott, erwählen wird, indem er dort seinen Namen wohnen lässt“ (Deuteronomium 16,11). Gott ist nicht nur ein Grund zur Freude, sondern das Alte Testament geht auch davon aus, dass er sich selbst freut: „Der HERR, dein Gott, ist in deiner Mitte [Jerusalem, Israel], ein Held, der Rettung bringt. Er freut sich und jubelt über dich, er schweigt in seiner Liebe, er jubelt über dich und frohlockt, wie man frohlockt an einem Festtag" (Zenfanja 3,17). Darum gilt: Adeste fideles, laeti triumphantes! Nun freut euch, ihr Christen, singet Jubellieder!

Auf einen Tanz?

Ja, das bedeutet auch, dass man im Blick auf Gott Spaß im Leben haben darf. Glaube bedeutet Lebensfreude. Als Michal, die Ehefrau König Davids, diesen vor der Lade Gottes tanzen und hüpfen sieht, „verachtete sie ihn in ihrem Herzen" (2 Samuel 6,16). Michal, die nicht nur die Frau Davids, sondern auch die Tochter des früheren Königs Saul war, versteht die Welt nicht mehr, als sie den großen König David freudig in aller Öffentlichkeit tanzen sieht. Sie reagiert mit Spott: „Wie würdevoll hat sich heute der König von Israel benommen, als er sich vor den Augen der Mägde seiner Untertanen bloßgestellt hat, wie sich nur einer vom Gesindel bloßstellen kann" (2 Samuel 6,20). David verhält sich nicht entsprechend der gesellschaftlichen Konventionen: ein tanzender König? Sein Verhalten entspricht für Michal nicht seinem Amt, ja, er erniedrige sich selbst und beschmutze seine Ehre. Aber König David verweist darauf, dass ein Amt nicht in gesellschaftlichen Konventionen wurzelt: „Vor dem HERRN, der mich statt deines Vaters und seines ganzen Hauses erwählt hat, um mich zum Fürsten über das Volk des HERRN, über Israel, zu bestellen, vor dem HERRN habe ich getanzt; für ihn will ich mich gern noch geringer machen als diesmal und in meinen eigenen Augen niedrig erscheinen. Bei den Mägden jedenfalls, von denen du gesprochen hast, stehe ich in Ehren" (2 Samuel 6,21–22). Mit Lebensfreude reagiert man auf das Heil, das der Gott des Lebens geschenkt hat. Das im Hebräischen verwendete Wort שׂחק (gesprochen: *sichek*), das hier mit „tanzen" übersetzt ist, hat ein breites Bedeutungsspektrum: Es beschreibt ein lautes Lachen, das Spielen von Kindern, das Scherzen und eben das Tanzen zu Gesang und Saitenspiel. Es steht für ausgelassene Freude. Wer eine solche Freude im Glauben findet, kann dann nicht mehr stillhalten, sondern wird sie frohen Mutes und fest verankert in Gott tanzend, lachend, jubelnd mit der Welt teilen.

„Glauben" bedeutet, mit dem Blick auf Gott gerichtet auf Gnade und Erbarmen zu hoffen. Oder wie es der kroatische Theologe Peter Kuznic ausgedrückt hat: „Hoffnung ist die Fähigkeit, die Musik der Zukunft zu hören; Glaube ist der Mut, in der Gegenwart danach zu tanzen." Bei den Gläubigen, die in den heutigen Zeiten noch an der Katholischen Kirche festhalten, stellt sich die Frage, ob es noch Hoffnung gibt. Von einem Skandal zur nächsten Krise hetzend, fragt man sich, ob die Kirche in Deutschland noch eine Zukunft hat. Gewiss, die Kirchengeschichte kennt dieses Kommen und Gehen von Skandalen und Krisen. Doch wo zeigt sich Hoffnung? Wo bricht die Musik der Zukunft, die göttliche Verheißung, in den tristen Alltag ein? Hoffnung beschreibt ein menschliches Verhalten und zugleich das auf den Menschen Zukommende, dem sich der Mensch sozusagen entgegenwirft. Das Alte Testament kennt keine blinde Hoffnung, sondern nur eine sehende. Dies wird deutlich, wenn man zwei hebräische Verben näher betrachtet, die gemeinhin mit „hoffen“ übersetzt werden.

Die Grundbedeutung des hebräischen Verbs שבר (gesprochen: *savar*) ist „prüfen“. So wird es zum Beispiel verwendet, um im Buch Nehemia zu berichten, dass der vom persischen König nach Jerusalem gesandte Nehemia den Zustand der in Trümmer liegenden Stadtmauer überprüft (Nehemia 2,13). Er besichtigte die Ruinen, aus denen wieder eine Stadtmauer werden sollte. An dieser Stelle liegt im prüfenden Blick noch keine Hoffnung, aber das Verb wird an anderen Stellen in einer anderen grammatikalischen Form benutzt, um ein hoffendes Ausschauen auszudrücken: „Aller Augen warten auf dich [JHWH] und du gibst ihnen ihre Speise zur rechten Zeit“ (Psalm 145,15). Hoffnung bezeichnet kein passives Warten, sondern ist der suchende Blick nach Rettung.

Die Grundbedeutung des hebräischen Verbs צפה (gesprochen: *tzafa*) ist „spähen“ und „aufmerksam betrachten“. Mit diesem Wortstamm wird der Prophet Ezechiel von Gott als Späher und Wächter über das Haus Israel eingesetzt (Ezechiel 33,7). Ein Späher sieht die Gefahr schon von weitem kommen. Er sieht in die Ferne und zugleich bewacht er diejenigen, die in seiner Obhut sind. Wenn sich in der Zeit des Alten Testaments der Späher auf der Stadtmauer einfach abwandte und sich aus der Verantwortung stahl, überließ er diejenigen, die er beschützen sollte, der

Gefahr eines tödlichen Angriffes. Derselbe Wortstamm wird als Verb im Buch Micha verwendet, um die Hoffnung auf das Kommen Gottes und damit die Rettung auszudrücken: „Ich aber schaue aus nach dem HERRN, ich warte voll Vertrauen auf den Gott meiner Rettung. Mein Gott wird mich erhören" (Micha 7,7). Den Grund der Hoffnung kann man nicht erzwingen, aber der Glaube auf Gott führt zu dem suchenden Blick.

Wenn „Glauben" bedeutet, mit dem Blick auf Gott gerichtet auf Gnade und Erbarmen zu vertrauen und zu hoffen, dann meint dies kein passives Abwarten hinter verschlossenen Türen. Um Hoffnung zu finden, muss man die Augen öffnen und nach rechts und links, nah und fern blicken. Und wenn man auch nur einen Hoffnungsschimmer sieht, dann lohnt es sich, ihm entgegenzugehen oder ihm gar entgegen zu tanzen.

Literaturnachweis

1 Wolfhart Pannenberg: Systematische Theologie. Studienausgabe. Band III, Göttingen 2011, S. 216.

2 Ansprache des Heiligen Vaters Papst Franziskus zum 25. Jahrestag der Veröffentlichung des Katechismus der Katholischen Kirchen, gehalten in der Synodenhalle am 11. Oktober 2017.

3 Anne Lenze: Alleinerziehende unter Druck. Rechtliche Rahmenbedingungen, finanzielle Lage und Reformbedarf, S. 80.

4 Christine Fink: Keine Privatsache, in: Der Freitag Nr. 28/2016, 14.07.2016.

5 Benno Jacob: Das Buch Genesis, Stuttgart 2000, S. 61.

6 Elke Blumenthal: Die Erzählung des Sinuhe, in: Otto Kaiser (Hg.), Texte aus der Umwelt des Alten Testament III/5, S. 884–911, hier S. 894.

7 Karl Marx: Zur Kritik der Hegelschen Rechtsphilosophie. Einleitung, in: Karl Marx/Friedrich Engels, Werke I, Berlin 1976, S. 382.

8 Giovanni Di Lorenzo: „Ich kenne auch die leeren Momente". Was bedeutet Glaube? Ein ZEIT-Gespräch mit Papst Franziskus, in: Die Zeit, 9.03.2017.

9 Stefan Kiechle: Zuversicht im Niedergang? , Herder Korrespondenz 63/11 (2009), S. 551–556, hier S. 552.

10 Aaron Schart: Art. Berufung /Berufungsbericht (AT), in: WiBiLex (2010).

11 Athanasius, Epistula ad Marcellinus II.

12 Bernd Janowski: Das erschöpfte Selbst. Zur Semantik der Depression in den Psalmen und im Ijobbuch, in: Johannes Schnocks (Hg.), „Wer lässt uns Gutes sehen?" (Ps 4,7). Internationale Studien zu Klagen in den Psalmen (Herders Biblische Studien 85), Freiburg 2016, S. 95–143, hier S. 111.

13 Erich Fromm: Ihr werdet sein wie Gott, Reinbek 1980, S. 169.

14 DBK (Hg.): Kardinal Marx würdigt Apostolisches Schreiben Gaudete et exsultate von Papst Franziskus ‚über den Ruf zur Heiligkeit in der Welt von heute. Pressemeldung 56, 09.04.2018.

Der Autor

Till Magnus Steiner, geboren 1984, ist promovierter Theologe, Experte für das Alte Testament, Korrespondent für verschiedene Zeitungen und für Online-Magazine. Gemeinsam mit Werner Kleine unterhält er den viel gelesenen Blog Dei Verbum (www.dei-verbum.de). Er lebt mit seiner Familie in Jerusalem.